嗨！圖書館見

梁科慶 著

enlighten & fish 亮光文化

推薦序 I

　　《嗨！圖書館見》由一位擔任圖書館館長 25 年，又兼具作家身分的梁博士出版，真是再適切不過了。

　　作者用很輕鬆的文筆及擬人化介紹那些生硬的設備，更加入了同理心，去看待青少年不入圖書館的心境，同時也深入了解臺灣圖書館的多元樣貌，希望現在年輕人除了把圖書館當景點打卡外，更能花時間進入圖書館享受閱讀。

　　老實說，對圖書館的認識真的是少之又少，自己在進入圖書館都是看書、查資料，及在孩子小的時候帶孩子在兒童區及借閱童書，真的沒有用全貌去了解。在《嗨！圖書館見》中，真實看見一座圖書館的全貌，作者特別提醒不知進入圖書館從何閱讀的少年，可看主題書推介，而想嘗試寫作的少年，可廣泛瀏覽，在生活中也停留，多去感受生活，就有很多靈感產生。

　　這是一本父母可以帶領孩子進入圖書館享受閱讀很好的工具書，讓孩子從小更細緻的了解圖書館，喜歡圖書館，更享受在圖書館浩瀚書海中，閱讀成為孩子的好友，另也是踏入銀髮族的長者，重新認識圖書館，享受在過往沒有好好使用圖書館的遺憾。

葛惠

臺灣國立師範大學人類發展與家庭學系博士
輔仁大學兒童與家庭學系碩士

三之三國際教育集團執行長
財團法人三之三生命教育基金會執行長
臺灣三之三生命教育學會理事長
臺灣國立師範大學幼兒與家庭科學學系助理教授
輔仁大學兒童與家庭學系助理教授

推薦序 II
最奇幻的魔法世界

　　眼望地極，在你面前，是數不清的視窗螢幕層層疊疊，只需你的意念一躍，你立刻全身行頭整齊，飛入某個你想去的世界，不單是穿越時空，你還可以化身成為任何人，擁有你渴想的一切。

　　這是圖書館。

　　這是穿越道，不屬地球，你只要駐足此地，你便進入了最奇幻的魔法世界。

　　感謝科慶，用這麼輕鬆愉快的角度介紹圖書館，「圖書館」三個字，早已經被邊緣化，或說在現代人的生活中就快絕跡，只有少數人會去圖書館，一般人，能偶爾上網借書看書就算不錯的了。

　　但是，科慶，正像是他書中提及的穿越魔法，他站在出入口，引頸期盼讀者的到來，他保證你絕對入寶山飽足而歸，他殷殷切切，就是希望讀者，尤其青少年重新愛上閱讀，來到圖書館，經歷一趟豐富之旅。

　　科慶，以其專業學識，卻深入淺出寫出一篇篇好文，如數家珍一般，將圖書館的種種好處介紹給讀者，不但符合現代人之休閒需求，閱讀可結合舞蹈、音樂、展演、說故事等，更指出了閱讀可療癒之功能，這恰恰是現代人最深切的需求，身體的病症，醫生可以開藥，阿斯匹靈、類固醇、止痛藥……但是，心病怎麼治？憂煩、沮喪、灰心、鬱悶……原來閱讀可以撫慰釋放，在一本又一本的瀏覽飛行之間，我們的心可以翱翔在山巔，正像是一隻老鷹，看透了自己的問題，迴旋而上，一切都迎刃而解了。

　　去一趟圖書館吧，容許自己擁有片刻的安寧，若是你願意，只需打開一本書，你便消失在你原來的世界，進入另一個時空，你想當誰就可以當誰，想像力提高你的創意，你的創意提高你的智力，等你回來的時候，你會發現自己是那麼的不同，你生命的高度破表，你人生的價值意義也有了全新的詮釋。

黃友玲
作家，作品曾獲臺灣優良文學獎
臺灣國立政治大學傳播碩士
曾任佳音廣播電台節目主持人、雜誌編輯

在香港幾乎所有青、少年及其家長們都知道一個鼎鼎大名的作家，他就是用圖書作品把青、少年帶入一個新世界的知名作家：梁科慶博士。

這些年的歲月，如沒有香港《突破》雜誌研究的「低調的吶喊」的黃金年代，就沒有臺灣這輯活潑好動，充滿動感與美感的《嗨！圖書館見》的問世。

圖書中有很多不同的作品，例如梁科慶博士，他在香港所創作的作品中強調其圖書實現了時間藝術和空間藝術的綜合，在他的心靈智慧中，絕不是由僵化的概念作為鑑賞的對象，而是一部作品就像大自然塑造一個活生生的人一樣。因為一部作品的問世好比一個人的誕生：會動與呱呱叫！

創作就是經由人的思想，用最易感受的方法，把思考元素加入於最普遍的人的感覺中，使人的感覺不由自主的產生變化，這就是科慶博士作品的特點。他知道美是一種心靈的自我發展，只有透過

主觀的直覺及精神才可進入崇高的事物。而動則是現象世界中的各種行為必須進入現實境地，進而認識崇高的事物。

　　科慶博士創作這部著作，以其心靈智慧及愛心，把青、少年帶入更美、更能享受圖書館中青、少年的作品。他邀請我參與這份喜宴，我很開心的送上這份心靈賀禮！

莫詒謀
法國巴黎第一大學哲學系博士
前臺北中國文化大學哲學系主任、哲學研究所所長

推薦序 IV

梁科慶博士，換了跑道，
再放異彩！

　　梁科慶是香港極負盛名的作家，而最為青少年讀者推崇的，莫如他連續 14 年榮獲最受中小學生歡迎的《Q 版特工》。長期穩佔香港公共圖書館「中學生好書龍虎榜」及香港教育城「十本好讀」，堪稱一代年輕人的成長印記。

　　身為中學圖書館主任，當年便透過突破出版社邀請他到校主持作家分享，藉以滿足學生一睹作家的風采的期望。科慶兄為人謙厚，講座中屢述「Q 版特工」之原型及構思經過，令學生為之神往。我總會提醒學生，要保持好奇心及想像力，作家夢不是一蹴而就的。學生在講座後排隊購書，索取簽名的情境，便可見在推廣閱讀方面的成效了。

　　以觀塘劇團的總監的角度，自然會考慮到把適合青少年閱讀的作品搬演過來。由於「Q 版特工」天馬行空，不時會跨越時空，例如《極度任務》、《北韓危機》、《奪命潛航》……上天下地，在舞台表演上有一定難度。科慶便推薦其中一本《Q 版特工 13：鴉殺》，榮獲第四屆全國偵探小說大賽「最佳懸疑獎」。當年，我邀

請了黃曉初擔任導演，鄭國偉編寫劇本。鄭君作品曾在香港舞台劇獎屢獲大獎，現在也旅居臺灣，期待這兩位高人可以再度合作，綻放異彩。

在一次圖書館的國際交流會上，遇上了這位在香港公共圖書館供職的梁科慶館長，閒談之間，知道公共圖書館想邀請鍾景輝博士捐出書藏文獻。我便約了我們的戲劇啟蒙老師和他們見面，如此便促成了「我的戲劇道路——戲劇大師鍾景輝」演讀劇場。參與其中的還有朱柏謙、張達明、鄭傳軍和羅民健等。也是我們各人向鍾景輝老師的致敬，饒具意義。

得蒙科慶兄邀請，為他的新書寫序。拜讀過他的《嗨！圖書館見》後，自然想起一段往事，我曾與潘金英、熊銘等，編輯過關於圖書館主任生活點滴的《書香情緣》，其中的一章是「望望圖書館」，不期然想起我化身為圖書館服務生：「甫上 F.1 的望望……」，並以「望望的情書」及「望望大報復」去解說小說世界的魅力。

　　《嗨！圖書館見！》帶領著讀者遨遊書海，如作者所言：「以輕鬆的筆法、淺白的文字介紹圖書館學的基礎理論、圖書館鮮為人知的應用設計、閱讀方法與心得，從硬體到軟體，希望吸引和鼓勵讀者親自走訪圖書館。」這可使讀者置身其中，以主觀視角，隨著作者的引領，潛航於書架及知識的世界，並以此書為讀者提供導航。

　　「我是一個書架。穩重可靠、外觀得體、虛懷若谷都是我的優點。」可愛嗎？

　　「一個普通的六層書架，每層平均放書四十本，如果是雙面的，至少放四百八十本，加起來的重量非同小可！因此，支架需扎實、層板需堅硬，一點都不能馬虎。」這些具體的數字，是否把你的認知提升到另一個層次？

　　「談到做人，我們不能虛有其表，外形花俏或可教人眼前一亮，但欠缺內涵，長久相處則顯得乏味無趣。虛懷若谷的我，老早明白這個道理，對於知識的容量，用『百川海納』、『滿腹經綸』來形容，自問當之無愧。」知識致用，任重而道遠。

　　「圖書分類（Classification）的基本原則是『物以類聚』，把『相同』的書歸併在一起，而『相同』和『不相同』之間必須有一條清晰的界線，把兩者區分開來。這條界線稱為『相同性終止』。」細意咀嚼，你會明白過來的！

　　「慨嘆『登高難』之前，不妨遊目四顧，先找一下牆角、架旁有沒有形狀像個矮冬瓜的『踢踏』吧？『踢踏』（Kick Step）的前身是登高凳，屬圖書館的必備用具。」原來這設施也有自己的名字。

　　「踏入圖書館，面對書海茫茫，你會不會搔著後腦勺問：『今天看什麼書好呢？答案其實挺簡單，愛看什麼就看什麼喔。』戲肉 * 了，終於指導我們去找書。

　　「在書架上飛行：瀏覽（Browsing），是圖書館很重要的課題，也是一項日漸被人忽略的圖書館樂趣。我從前在加拿大唸圖書館學時，教授經常引導我們思考，有什麼設計可讓讀者的瀏覽更有效、更方便。」記起了，作者寫過的一本書，是次不止是書籍介紹，還涉及圖書館的專業概念哩！

　　「一起『穿越』吧！鼎鼎有名的《愛麗絲夢遊仙境》便是這類故事的先河。1863 年，卡洛爾（Carroll）在牛津大學校園散步，看見松鼠和野兔在沾滿露水的小徑間跑來跑去，觸動靈感，寫成不朽佳作。故事中的主角穿過兔子洞，進入一個奇異國度，讓小讀者耳目一新。」十分 chill 哩；我也是從韓劇中學懂，但作者引領我們進入古今名著及科幻作品描述的時空。

---

* 戲肉：廣東話，指某事的精彩部分

　　「說故事（storytelling）是公共圖書館一項歷史悠久的推廣活動，目的是吸引潛在讀者進入圖書館及使用資源、增加與讀者溝通及互動、鼓勵兒童閱讀及認識館藏。」香港也是剛起步，好的！便讓我們從另一個角度吸收養分吧。

　　期待《嗨！圖書館見》不但在臺灣落戶生根，也讓這位香港讀者熟悉的作者及館長，他這新著，香港也是人手一本，學子得以尋章索驥，圖書館主任則用作專業護航。

　　科慶博士，再放異彩！《嗨！圖書館見》！

呂志剛
香港優質圖書館網絡創會會長
觀塘劇團總監

《嗨！圖書館見！》帶領著讀者遨遊書海……
這可使讀者置身其中，以主觀視角，隨著作者
的引領，潛航於書架及知識的世界，並以此書
為讀者提供導航。

我逛圖書館有點像女士逛商場

    2021 年 9 月我從香港移居臺灣，翌年 1 月在《未來少年》月刊的專欄「嗨，圖書館見」問世，除了每月的專欄文章，還應陳季蘭總編輯的邀稿，不定期發表一些短篇小說。在香港，我被出版界歸類為青少年讀物的作者，雖然同樣是中文寫作，讀者也是少年人，但初來乍到，總要適應，就像我開車從右駕轉為左駕，必須適應新規則，改掉一些舊習慣，不然，便出亂子。寫作亦一樣，臺灣的慣用語一度讓我混亂，幸得季蘭的編輯團隊經常提點，才慢慢適應下來，不到半年，定稿的修改大幅減少，書寫自覺得心應手。

    專欄最初的構思，是以輕鬆的筆法、淺白的文字介紹圖書館學的基礎理論、圖書館鮮為人知的應用設計、閱讀方法與心得，從硬體到軟體，希望吸引和鼓勵讀者親自走訪圖書館。

　　閱讀人口下降，青少年讀者流失，是全世界圖書館共同面對的挑戰。季蘭告訴我，臺灣政府近年不遺餘力推廣閱讀，我的專欄無疑具有「助攻」的效果。

　　為了寫好這個專欄，我先走訪臺灣的圖書館。老實說，我逛圖書館有點像女士逛商場，始自修讀圖書館碩士課程，在圖書館裡閒逛漸漸成了習慣，不一定為了借書，在館內看這看那，漫無目的，無須導賞，消磨半天，自得其樂。

　　有些什麼好看？志工排架、老師為小孩說故事、自助借書機的操作、看板告示、每月專題書展、新書介紹、盆栽擺放、桌椅高度、燈光亮度、建築佈局……

　　每個環節，不管多細微，都反映圖書館的專業水平。臺灣那些「打卡熱點」的地標式大型圖書館，建築新穎獨特，固然令我大開眼界；服務鄉鎮居民的樸素小館，滿有人情味，同樣值得欣賞。

　　少年人多是活潑好動，相對較為「文靜」的閱讀，似乎不是他們的「那杯茶」，其實，好的文字充滿動感與美感，妙趣橫生，為讀者帶來的快樂指數一點也不低。所以，除了圖書館應用，我還從嶄新的角度介紹不同的書種、經典名著，希望拋磚引玉，讀者走進圖書館後，能找到合適的、喜愛的書本，發掘出閱讀的樂趣。

　　這書結集「嗨，圖書館見」的專欄內容，另有一些跟圖書館和閱讀相關的文章，希望你喜歡。如果你從沒或甚少往圖書館，更希望你從書中得到一點啟發，嘗試作出改變，進圖書館逛逛。

　　閱讀是一種習慣。我相信，你從芸芸眾多的去處之中，在圖書館裡找到一個落腳點，或者從芸芸眾多玩意之中，在書本裡體悟到文字的趣味，看書和進圖書館就成為日常生活的一部分，習慣養成，終身閱讀。

梁科慶

2024 年 1 月，臺中

閱讀是一種習慣。我相信,你從芸芸眾多的去處之中,在圖書館裡找到一個落腳點,或者從芸芸眾多玩意之中,在書本裡體悟到文字的趣味,看書和進圖書館就成為日常生活的一部分,習慣養成,終身閱讀。

contents

Chapter Four

少年也識愁滋味

Chapter Five

下次再約喔！

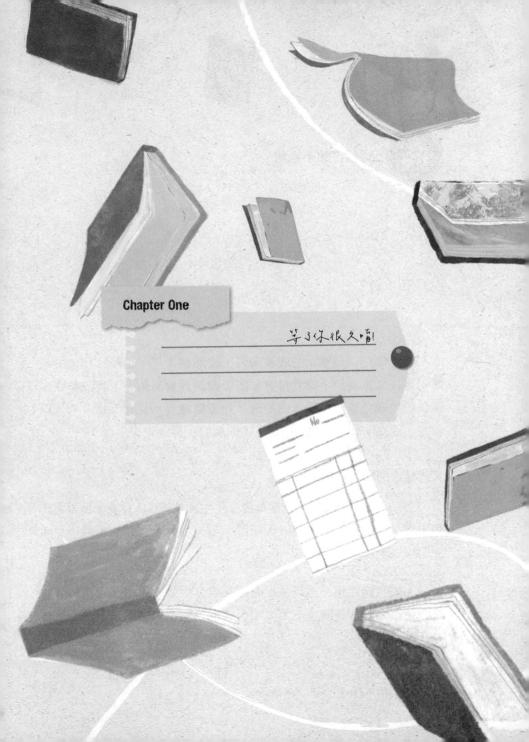

Chapter One

等了你很久喔!

No

 到圖書館不尷尬

青少年是一個尷尬的成長階段，雖然長大了，但經驗和能力仍然不足以脫離父母，獨立自主。圖書館是社會的縮影，青少年踏足圖書館也難免尷尬：既不想走進「兒童館藏」，又看不懂「成人館藏」，像吃閉門羹。這種格格不入的尷尬，導致青少年流失。

與趣結合閱讀，1＋1＞2

最近，歐洲一家關注兒童及青少年生活的 NGO 發表一份報告，列出青少年不進圖書館的五大原因，第一項就是尷尬。可見，少年人的煩惱全世界都一樣。

至於其餘四項，分別是：圖書館離家太遠、不懂圖書館運作、擔心圖書罰款、休閒選項太多。前三項在臺灣相信問題不大，最後

一項倒也是癥結所在。青少年大都活躍好動，充滿好奇心，喜歡嘗試新事物，尤其在多媒體流行的當下，一（手）機在手，網路通行，好玩的東西太多了，閱讀只是眾多選項之一。

青少年在圖書館真的找不到立足點、歸屬感嗎？

當然不是。儘管一般圖書館並沒有「青少年館藏」，卻不等於館內沒適合青少年的讀物。很多書籍的內容老少咸宜，就興趣和需要，最明顯的莫過於暢銷小說，爆紅時人手一本，不分成年、少年。興趣是多方的，如果能把興趣與閱讀結合，效果將是 $1 + 1 > 2$。在圖書館，不管你的興趣是球類、舞蹈、音樂、棋藝、爬山、溜冰、模型、跳繩、攝影、游泳、潛水、滑板、觀星等，總有相關的書籍，供你參閱，助你更上一層樓，更何況，多讀書可提高語文能力呢。

練舞看書，動靜皆宜

此外，大型的圖書館多設有「青少年館藏」，書種和書量可能不及兒童或成人的，但硬件設備或室內設計都花足心思。多媒體設施齊全，文青感和空間感可以媲美大型書店，朋友相約圖書館，消磨一整個週末下午，肯定是不錯的選擇。

臺灣的青少年朋友很幸福，不論北、中、南都找得到酷炫的圖書館。

　　高雄市立圖書館的鼓山分館，二樓的「K 書區」，舒服的桌椅設計、無線上網區、輕聲討論區等，營造出年輕朋友聚集休閒的氛圍。

　　一些創新的圖書館，更有令你眼前一亮的設施，像是臺中國立公共資訊圖書館五樓的「好 Young 館」，提供 AI 體感健身魔鏡，內建許多健身課程，還有學生練舞空間，提供投放螢幕、自拍腳架、音響，歡迎學生預約排練。

　　同樣是跳舞，新北市青少年圖書館二樓的「街舞活動區」，適合喜歡跳街舞的朋友一展身手。不僅跳舞，同樣在二樓，還有一個專業級的電競中心，你可與朋友組隊玩五對五的電競賽，想不到吧！

　　最起碼，圖書館是能讓家長安心，自己去或跟朋友一起去，爸媽只有贊成，不會反對。不信？試試看就知道嘍。

大型的圖書館多設有「青少年館藏」，
書種和書量可能不及兒童或成人的，但
硬件設備或室內設計都花足心思。多媒
體設施齊全，文青感和空間感可以媲美
大型書店，朋友相約圖書館，消磨一整
個週末下午，肯定是不錯的選擇。

 書架自述

我是一個書架。

穩重可靠、外觀得體、虛懷若谷都是我的優點。可別怪我自吹自擂，謙遜固然是傳統美德，但別過分謙遜或刻意隱藏自己的優點。

我不敢說是虛偽，只認為是埋沒自己的個性與天賦，何況古有「毛遂自薦」先例，今有「自我行銷」學科，恰當地讓別人認識自己的優秀，沒吹噓，不浮誇，以事論事，完全符合當今商業社會的行事模式。

首先，作為一個書架，穩重可靠是館長對我的合理期望。書本其實挺重的，這一點學生最明白：書包裝滿又揹太久，會引起肩膀痠痛。試想，一個普通的六層書架，每層平均放書四十本，如果是雙面的，至少放四百八十本，加起來的重量非同小可！因此，支架

需扎實、層板需堅硬，一點都不能馬虎。圖書館畢竟是大家常去的地方，讀者有老有幼，書架不穩妥可會危及公眾安全的。

館長稱不稱職，看書架

我的特點是穩重，並非笨重。能在空間協調上凸顯我的靈活與彈性，是我對館長的合理期望。例如最低兩層的佔用率是九成，上面四層則佔七成就好，效果除了下盤穩固，上層也預留了空間，一旦某類書籍增多，便有足夠的空位插放。

我最討厭書本擺放不整齊、不均勻，密擠擠的，像上下班時的捷運車廂，或者空蕩蕩的，像清倉大減價後的貨架，都教我渾身不自在。所以，空間感是一門藝術，館長稱不稱職，光看書架，就略知一二。

搭配得宜，不能有像人的稜角

假若支架與層板恍如人體的骨骼，那麼，書架的側板與頂板就如人們的衣冠了。所謂人靠衣裝、先敬羅衣後敬人，大家總視乎出席的場合挑選得體的衣飾，書架設計也是這樣。兒童圖書區的書架，側板與頂板的顏色當然選擇七彩繽紛，更可繪製幾個有趣的卡通圖案。若放在青少年圖書區，就不能天真活潑了，要多帶一點文青感。至於參考圖書區和成人圖書區，整體以實用為主調，選用樸實的木

紋就相當合適。遇到特別的日子，如 423 世界閱讀日、圖書館節、聖誕節等，在書架上加添裝飾擺設，增加節日氣氛，正如女士的不同飾物，搭配得宜，既美觀又體面。

不過，仍是安全至上，無論什麼顏色、裝飾，書架的側板邊緣一定要圓滑，不能有稜角凸出。其實做人處事也一樣，稜角不管多或少，一個就足以令身旁的人受傷，圓融至少容易相處。

你好、我也好

談到做人，我們不能虛有其表，外形花俏或可教人眼前一亮，但欠缺內涵，長久相處則顯得乏味無趣。虛懷若谷的我，老早明白這個道理，對於知識的容量，用「百川海納」、「滿腹經綸」來形容，自問當之無愧。不論任何學科、語言、版本的書籍，我都無任歡迎，然而，略為有點偏心的是對新書的喜好，筆挺的書頁、光潔的封面、濃郁的墨香，想起來就精神百倍。人同此心，心同此理，新書不是較受讀者歡迎嗎？

最後一提，我的性格有點酷，喜歡書卷味，不愛熱鬧。所以，大家來圖書館，無須花時間關注我，多借幾本書，減輕我的負重，增加你的見識，如此便是你好、我也好。

無論什麼顏色、裝飾，書架的側板邊緣一定要圓滑，不能有稜角凸出。其實做人處事也一樣，稜角不管多或少，一個就足以令身旁的人受傷，圓融至少容易相處。

 排架：讓書排隊站好

　　書在架子上一本一本排排站，令人不禁聯想到人的排隊。排隊有不同的標準，學校常見的排法除了按班級順序，也可能分男女，或者依照高矮。

　　特別的隊伍更附設條件，儀仗隊為求整齊劃一，太高太矮、過胖過瘦的都不入選；又如啦啦隊，做不到某些指定動作的人，勉強讓其排進隊裡，倒頭來顯得格格不入，突兀礙眼。

　　相對來說，圖書館的排架就簡單得多，只有單一標準：一律按照圖書的分類號排列，並沒條件限制。所有入藏的書籍不論大小厚薄，不分新添舊有，統統上架，沒有篩選。

讀架，維持書的秩序

我們做事總要定下目標，追求成效，隊伍並非為排而排。試想像一下，電影院如不控制人流，購票、入場無須排隊，觀眾一窩蜂擠在櫃台、入口，會有什麼後果？排架也一樣，圖書沒有系統的堆放架上，找書就等同大海撈針。因此，架上的書必須按照分類號，由小而大的整齊排列，形成一種秩序。讀者或工作人員找書時，由上而下、由左而右搜尋，運作自然順暢。

同理，人的插隊與書的插錯位置，都是破壞秩序，對順暢的運作造成窒礙。「讀架」是維持秩序的策略，圖書館每天安排職員逐一審閱書架，把插錯位置的書本抽出來，放回原位，成效視乎人手是不是足夠。

圖書館推動自動化，一直希望以機械替代人力，借書、還書都成功轉型了，唯獨排架與讀架沒法借助機械，仍需密集的人工勞力。如今，營運趨勢講求精簡人手，安排足夠的職員去排架與讀架，無疑是一種奢侈。在規模較小的圖書館，人手有限，排架的準確度便容許一些彈性，例如準確至分類號的小號點前。畢竟小型圖書館的書量較少，就算書的擺放位置前後有點混亂，讀者體諒一下，多花一點時間，總能在同一層格內找到想要的書。

向後看齊？向前看齊？

　　另外，放書的位置也影響人力的投放。最省時省力的位置，就是「向後看齊」：利用書架背板作為傍靠，職員把書往裡一推，整列書緊靠著背板，平直整齊。不過這麼做，缺點不少：後面是平直沒錯，讀者從前面看可就參差不齊了；較小的書也容易「隱身」在大書之間；讀者要俯身或蹲下，才可瀏覽排在下層的書脊。這種排架方法多見於兒童圖書館，因小朋友拿書如拿玩具，往往隨心所欲，不問秩序，書架弄亂快，還原也要快。

　　相反的排架方法，是「向前看齊」：把書移到層板的最外，書脊與板邊貼齊，對內參差，對外平直，好處是一目了然，讀者站在書架前，上下層的書脊都清楚看見，不過職員排架就要多花工夫了。而且，這絕不適用於兒童圖書館，想一想不難理解，圖書貼近板邊，小朋友活潑好動，一不小心就把整列書碰得東倒西歪。

　　更完美的排架，是把圖書從層板的外側向內移 2 至 3 公分，保留一小段「緩衝區」，既美觀又安全，當然，這種排架方法就更花工夫了。

　　大家參觀圖書館時，除了觀賞建築物的裝潢設計、圖書的多元多樣，也應該欣賞和感謝職員的辛勞排架，讓讀者得以順暢地尋找需要的書本。

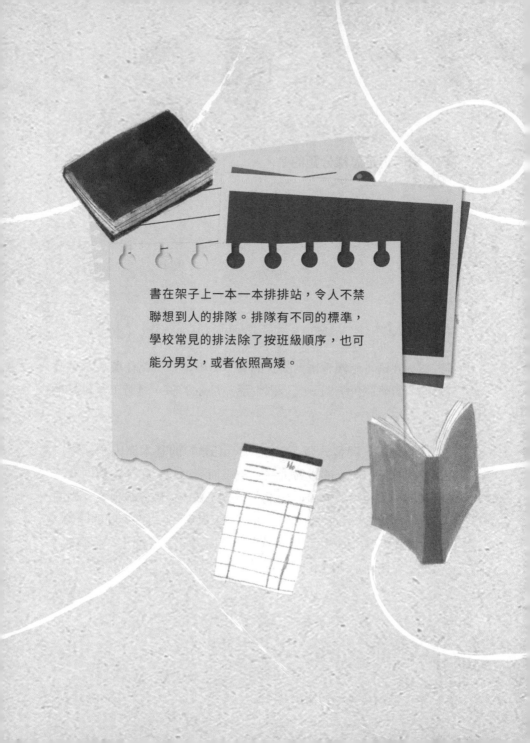

書在架子上一本一本排排站，令人不禁聯想到人的排隊。排隊有不同的標準，學校常見的排法除了按班級順序，也可能分男女，或者依照高矮。

 書是怎樣分類的?

當你在圖書館觀看排列整齊的書,會不會好奇為什麼《看見台灣》的分類號是 987.81、《公園生活》是 861.57、《勞工教育》是556.8?

簡單地說,圖書分類(Classification)的基本原則是「物以類聚」,把「相同」的書歸併在一起,而「相同」和「不相同」之間必須有一條清晰的界線,把兩者區分開來。這條界線稱為「相同性終止」。所謂「相同性終止」是指「物」與「物」之間不同的開始,例如,黑種人與白種人之間有相同性,黑馬與白馬之間也有相同性,但人與馬之間則是兩種不同的生物。

精確分類，避免混淆

實際的編目操作，是把組成圖書資料的主題詞素「切分」至不能再切分的單一「主題詞」，再配對相應的「類號」，等於把書的內容特徵，高度濃縮成一兩個詞和一串數字。數字的編定也有學問，例如，電腦科學是 312，中文資料處理屬於電腦科學，因此類號是在 312 之後加上小數點，延伸為 312.9。以此類推，中文輸入法是 312.92，倉頡輸入法是 312.992977。

當然，主題詞也必須嚴格依從規範，統一使用，例如用「演化論」，不用「進化論」；用「儒教」，不用「孔教」；用「宦官」，不用「太監」。這樣，編目才不會出現詞義混淆、模稜兩可，讓人搞不清楚。

如果主題涉及一個以上學科，又該怎樣分呢？比方說，這本書談了電影與文學，為了避免含混相似，編目人員要秉持「互相排斥」的原則，只能在 800（語言文學類）與 900（藝術類）之間，選擇一個，假設內容是以電影為主，文學是比較次要的，便會歸入 900（藝術類）；相反，則歸為 800（語言文學類）。

總之，要把圖書歸屬於特定類別，圖書與類別的關係只有「屬於」與「不屬於」兩種可能。

分類，也適用於人嗎？

分類的應用很廣泛，大家最熟悉的，想必是生物上的分類，像是鳥類、哺乳類、兩棲類等等。那麼人也可以分類嗎？

學生、教師、工人、文員、司機、警察、護理師、醫師、律師等等，行業的分類，在社會上早已行之有年。針對不同的類別，我們的腦海往往也有既定的想像，律師應該是什麼模樣，護理師必須有哪些特質。

不過仔細想想，人心實在太複雜了，行事為人並不是非黑即白，黑白之間尚有大片「灰色地帶」，表面的分類不足以概括全人。舉個例子，「身在曹營心在漢」的關羽，無論把他歸類為「曹魏」或「劉漢」都不合適。畢竟他回到劉備陣營後，與曹操決戰生死，竟在最後關頭卻放曹操一馬。關羽心裡到底想什麼？在抉擇時刻如何取捨？除了智慧過人、洞察人心的諸葛亮，沒人預料得到。

到圖書館裝備自己

我們應該效法諸葛亮，仍在「茅廬」階段，還沒進入社會職場，就以「滿腹經綸」來裝備自己。讀書的好處很多，增知識、明道理、長智慧，師長也再三叮嚀要多讀書，奈何聽得明白、願意聽從的總不多，因此達到諸葛亮級數的人物，永遠是最少數。

　　終有一日，人會長大，離開學校，進入複雜的社會。萬一遇上有人「指鹿為馬」，自己受騙，才知道自己對鹿與馬的區別並不了解；有人「顛倒黑白」，才發覺自己其實黑白不分，這未免太糊了！

　　書到用時方恨少。能明白這個道理，為時未晚，因為讀書不局限於學校，圖書館幫助我們終身學習，下課、下班、休假到圖書館走走看看。書已經分門別類排列整齊，要找到一本合用的，並不困難，你試了就知道。

 **登高不難**

　　個子矮小的你，要拿書架上層的圖書，即使踮直腳跟、伸長手臂，指尖也摸不到書皮，旁邊又沒身高手長的人幫忙，怎麼辦？

　　慨嘆「登高難」之前，不妨遊目四顧，先找一下牆角、架旁有沒有形狀像個矮冬瓜的「踢踏」吧？

綽號小露寶的登高凳

　　「踢踏」（Kick Step）的前身是登高凳，屬圖書館的必備用具。

　　在香港，圖書館員都稱「踢踏」作「小露寶」，這譚名源自日本 NET-TV 的劇集《小露寶》（がんばれ!! ロボコン），1976 年引進香港配上粵語播映，風靡一時。劇中主角是一台外形胖胖矮矮的機械人，當它把頭、手、腳統統收進甲殼裡，外形十足「踢踏」。

機械人「小露寶」具備多功能，能變身作飛機、汽車。有趣的是，十八世紀面世的圖書館第一代登高凳亦是多功能，集椅、桌、梯於一身，木枱附設梯子，中層梯階扳下成座椅，既可讓讀者攀高拿書，也可坐下閱讀和書寫。試想像一下，這種設計笨重難免，搬來搬去費時費力，極不方便，所以圖書館第二代登高凳由繁變簡，減省桌、椅用途，保留兩、三層階梯，讓讀者踏上去拿書，不過讀者仍須花點氣力搬動。

與時俱進的登高凳

到了十九世紀，歐洲的印刷技術迅速發展，新書驟增。當時圖書館的藏書概念保守，只懂增加書架空間，提升儲存量，把書架儘量加高，在靠牆的位置，常見書架由地板向上伸延至天花板。你若有機會參觀歐洲的古老圖書館，即使身高手長，站在登高凳上，抬頭仰望書架，仍覺高不可攀。於是，書架掛梯那時候大行其道，尤其在私人圖書館和大學圖書館內，讀者移動掛梯，攀上攀下，是一道維多利亞時期的圖書館風景。起初的設計，分別在書架頂及長梯頂加裝鐵管和銅鈎，把長梯銅鈎掛於鐵管上左右移動。可是，解決了取書困難卻衍生新的難題，銅鈎與鐵管摩擦時，產生的噪音極其刺耳。後來聰明的圖書館員想到用皮革包裹銅鈎，或以滾輪代替銅鈎，從而減低噪音。可見，圖書館員的初心，古今不變：以兼收並蓄態度庋藏圖書，方便讀者取閱，又維持寧靜的閱讀環境。

　　然而，高架長梯使館內空間充滿壓迫感，且有潛在風險，如倒塌、失腳，面對書山書海，書架不能一味向上發展，新設計如閉架、軌道書架、密集書架等陸續出現，這是另一個課題。

劃時代用具——踢踏

　　說回登高凳，1950 年代發明的「踢踏」可說是圖書館一項劃時代的用具，精髓在於「踢」（kick）與「踏」（step），踢它便向前溜動，踏它便鎖定不動。設計其實不複雜，當你從上而下的施壓，底部的金屬彈簧立即鎖牢橡膠滾輪，讓你安安穩穩地踏上去，要往另一個書架嗎？你輕輕一踢，它就靜靜溜過去，完全不用費力搬移。

　　逾大半個世紀，「踢踏」的形狀沒多大改變，仍像小露寶、矮冬瓜，外觀卻五花八門，鬢上各種美麗的顏色與有趣的圖案，小朋友取了書，坐上去快樂地閱讀，湊合成一道現代的圖書館風景。

圖書館員的初心，古今不變：以兼收並蓄態度庋藏圖書，方便讀者取閱，又維持寧靜的閱讀環境。

 看什麼書好呢？

踏入圖書館，面對書海茫茫，你會不會搔著後腦勺問：「今天看什麼書好呢？」答案其實挺簡單，愛看什麼就看什麼喔。

第一個找書工具──閱讀分級

若然，真的茫無頭緒，以下的竅門會有幫助。先說選擇英文圖書，外國的出版社通常在兒童、青少年讀物的封面、封底印上一個閱讀分級（Level 或 Grade），以數字識別，數字越大代表圖書的閱讀難度越高。

在印刷業尚未完全電腦化前，分級的編訂依靠人手筆算，工作人員按書本的字數，從內文隨機抽取一定數量的單詞，再揀出三個音節以上的，把數目代入算式，計算出適合的閱讀年齡組別，成為閱讀分級。基本原理是，英文單詞由字母組成，音節越多，字母的組合越長，意思也越複雜。

到了電腦廣泛應用，借助電腦程式，閱讀分級的計算就更加全面，程式能夠分析單詞、句子的長度與複雜程度，更有效量定讀物的難易度，作為分級的準則。

這分級數字又與就學的年級掛鈎，例如 Grade 5 的圖書適合五年級學生閱讀。然而，英文是我們的外語，我們閱讀英文的能力不能與同齡的外國小孩相提並論，選書時無妨把難度下調，五年級的同學可看 Grade 4 或 Grade 3 的讀物，不然的話，太多艱深字詞，經常要停下來查閱字典，不管內容如何精彩，趣味亦大打折扣。

第二個找書工具——主題書單

英文是表音文字，不論從前的算式，抑或今天的電腦程式，閱讀分級在英文出版界一直行之有效。相反，使用表意的漢字寫成的中文讀物，卻未見類似的分級模式。

因此，選擇中文圖書時，可參考圖書館的主題書單。

編選主題書單是圖書館長的其中一項專業訓練，即使對該課題並不熟悉、內容未曾涉獵，館長仍有方法因應讀者的需要（例如年齡、性別、興趣、資訊、進修），配合館藏與書展等推廣活動，編選一份合適的書單。

影響青少年的閱讀因素——年齡與性別

就以青少年讀者為例，根據研究，年齡與性別是影響青少年閱讀的兩大因素。青少年初期的閱讀興趣較廣泛，愛看冒險故事、動物、神奇故事等，隨著年齡增長，興趣會有所轉變。就性別而言，女孩喜歡看愛情小說、歷史故事，特別是內容潔淨、結構嚴謹的小說，並嘗試瞭解故事主角的思想、感情；男孩則對科幻、武俠小說、戶外運動、歷奇體驗和戰爭歷史特別感興趣。

以下是一些高雄市立圖書館的書籍推介主題：匡式傳奇宇宙——倪匡、繪本作家開箱 bar!、讓我們療一療、圖書館裡的世界青年力 Beyond Being Young、科學書好好玩、愛在森林裡閱讀、親親海洋、島的呢喃——當代臺灣小說、關於愛情二三事、閉眼睛跨覺閱讀等，光看主題已相當吸引。

主題書單隨時在圖書館網頁上找到，大家不妨以這些圖書作為閱讀的切入點，讀到感興趣的，再根據書脊的索書號往書架上找同類的書繼續廣泛閱讀，或者看同一作者的其他著作，繼續深入閱讀，無窮無限的樂趣正等著你發掘呢！

踏入圖書館，面對書海茫茫，你會不會搔著後腦勺問：「今天看什麼書好呢？」答案其實挺簡單，愛看什麼就看什麼喔。

 瀏覽群書，樂趣無窮

　　書多架少，是各地公共圖書館都得面對的頭號難題。解決方法大同小異，例如減少複本、增設館外備用書庫、把類似的書分散到不同分館。這些方法確實可以減少書量，但缺點是，讀者要在架上找到需要的書，變得比較困難。

　　圖書館數位化之後，透過線上系統預約，成為不得已的補救方法。預約系統辦得成功，的確帶來方便，讀者甚至不須前往圖書館找書，在家中用手機、電腦按幾個鍵，等幾天，收到通知，便可到指定的圖書館直接取書。不過，這種借書方式，無形中令讀者減少在圖書館瀏覽。

在書架上飛行

瀏覽（Browsing），是圖書館很重要的課題，也是一項日漸被人忽略的圖書館樂趣。我從前在加拿大唸圖書館學時，教授經常引導我們思考，有什麼設計可讓讀者的瀏覽更有效、更方便。於是我乖乖的經常到市內各個圖書館作「田野考察」，在書架之間逛來逛去，左顧右盼。新的設計最終沒想出來，卻養成日後閒來無事在圖書館蹓躂的習慣。

有段時間，我甚至產生一種「在書架上飛行」的感覺：眼前一列列的圖書，就像一道道飛往另一個時空、國度的門。我站在書牆前面觀看每一道「門」，看中了，取下來，打開它，飛進它的世界，享受閱讀的樂趣。書與人的相遇是一種緣分。

把握看書的緣分

就實際需要，瀏覽的效用仍不能被電腦取代，因為線上搜尋有一條件限制，讀者必須知道整個或部分書名，或作者姓名，才能找到需要的書。如果不是借閱特定書籍，只想找某一類書來讀讀，其實很多書光看書名，無助於聯想內容。例如《你是人間四月天》是一本與天氣時令無關的詩集，《文化之旅》跟旅遊扯不上關係，《告別菜尾世代》只談求學不談飲食。你或許會懷疑夾在孔孟專書之間的《緣命之間》是放錯位置，或者為了《文明密碼2》並非推理小

說的續集而感到失望。總之，即使拿到預約書，請不要立刻離開圖書館，按照書脊的分類號，到所屬書架上下左右瀏覽一番，還會有其他「緣分」等著你呢。

瀏覽書、瀏覽生活

圖書值得瀏覽，人生的瀏覽更不容錯過。四時景色、花木枯榮、晝夜更迭、人情世態，我們身處其間，習慣了，或覺平淡無奇。若能留心觀察，箇中細微之美、變化之妙，可能大有學問，錯過了很可惜。尤其我是寫小說的，身邊的事物就是靈感與素材的來源。文學反映人生，人生影響文學，小說雖是虛構，但不能閉門造車，設計角色人物需要原型，情節的推演需符合現實邏輯。所以我喜歡在街上觀人看物，遇上有趣的、感人的，如有時間，我會停下來好好觀察。最近我在臺北的建成圓環看豬，那是兩頭寵物豬，一大一小，主人牽著牠們在圓環的草坪上散步。牠們很特別，耳小嘴尖，背黑腹白，體形較常見的白豬、黑毛豬細小。我坐在旁邊用手機 Google 一下，原來牠們叫五指山豬，又叫老鼠豬，屬於瀕危畜種。這樣，牠們就成為我下一篇小說的素材。

鼓勵你，找個時間到圖書館瀏覽群書，路上則瀏覽你居住的家園，一定會有意想不到的收穫。我們下回見！

圖書值得瀏覽，人生的瀏覽更不容錯過。四時景色、花木枯榮、晝夜更迭、人情世態，我們身處其間，習慣了，或覺平淡無奇。若能留心觀察，箇中細微之美、變化之妙，可能大有學問，錯過了很可惜。

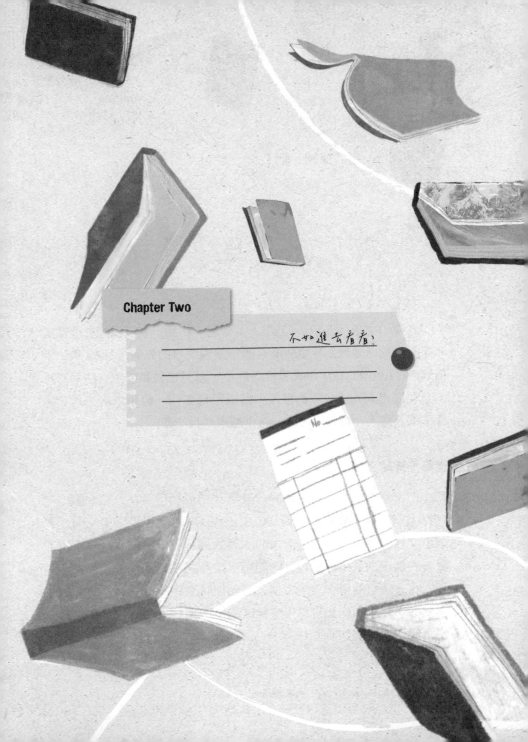

Chapter Two

不如進去看看？

 一起「穿越」吧！

　　在奇幻文學（Fantasy）中，「穿越」作品一直深受讀者鍾愛，鼎鼎有名的《愛麗絲夢遊仙境》便是這類故事的先河。1863 年，卡洛爾（Carroll）在牛津大學校園散步，看見松鼠和野兔在沾滿露水的小徑間跑來跑去，觸動靈感，寫成不朽佳作。故事中的主角穿過兔子洞，進入一個奇異國度，讓小讀者耳目一新。

從哪裡穿越？

　　把奇幻文學推上另一高峰，要屬《納尼亞傳奇》。話說第二次世界大戰期間，作家路易斯（C.S.Lewis）在窯屋裡躲避空襲，有個小女孩問他：可以爬進房內的木製衣櫥裡嗎？又問：有沒有東西藏在衣櫥後面？這兩個天真的問題，啟發路易斯創作了這部經典名著。在《納尼亞傳奇》故事裡，路易斯特意留下一扇「門」，讓小朋友進出現實和幻想世界。這種「過門」或「穿越」設計，成為奇幻文學作品的常見手法。

　　除了《愛麗絲夢遊仙境》的兔子洞和《納尼亞傳奇》的衣櫥，我們熟悉的還有《湯姆的午夜花園》的後門、《說不完的故事》的舊書、《哈利波特》的火車站月台、《神隱少女》的隧道、《穿越故宮大冒險》的電梯。

　　穿越過後，小朋友是需要回家的；同樣，閱讀只是一時的心靈度假，人始終活在現實世界。路易斯留下那扇「門」，讓小朋友冒險過後安然回家，實在用心良苦。

　　穿越的作用，除了進出，還有著分隔的意味；那扇「門」是分隔幻想和現實的界線。「過門」前後，是兩個截然不同的世界，各有可做和不可做的事情。在幻想世界裡，小朋友無妨放肆一下，正如《納尼亞傳奇》的露絲所說：「在家裡我知道我不懂游泳——我是說在英國。但是很久以前——假定那是很久以前——我們在納尼亞做王的時候，豈不是都會游泳嗎？那時候我們還會騎馬，會做各種各樣的事情。」

充滿幻想的創意小空間

　　幻想世界裡的經驗，並不適用於現實生活。不懂游泳的露絲，從納尼亞回到英國，超能力消失了，當然不能隨便跳進海裡，也不能舞刀弄劍，更不能與獅子擁抱。同樣的，當《穿越故宮大冒險》的阿志回到現實世界，便不會上山下海跟黑巫師鬥智鬥力。而愛麗絲在河邊醒了過來，再不會找老鼠聊天、約兔子茶聚。

　　所以，讀者應懂得抽離和分辨，小說情節不能跟現實世界混為一談，當我們從小說世界度假回來，就要面對現實，過正常生活。

　　《哈利波特》的問題所在，就是「門禁不嚴」，羅琳（J.K.Rowling）把超能力與魔法貫穿幻想和現實，黑魔王自由進入現實世界，肆意破壞、殺人。難怪，外國有書評人指出，讀完《哈利波特》，小朋友可能感到不安。

　　最後，無獨有偶，各故事裡的穿越門檻並非稀世寶物，而是現實生活裡唾手可得、隨處可見。藉著作者的創意和想像，尋常的衣櫥、洞穴、隧道、電梯等，都變成進出幻想世界的通道。失落童真的成年人可能一笑置之，兒童讀者卻自得其樂！正如他們愛拿生活物品搭建私人空間，像客廳裡的小紙屋、花園裡的小帳幕等。一旦父母追問：那堆東西是什麼？孩子的答案則是秘密基地、太空艙、堡壘、洞穴等創意小空間。

　　由此可知，玩耍與閱讀同樣需要一點幻想呢！

原文出處──
梁科慶：〈走進奇幻之門〉，《文學想多了》（香港：突破，2011），頁 180-6。

讀者應懂得抽離和分辨，小說情節不能跟現實世界混為一談，當我們從小說世界度假回來，就要面對現實，過正常生活。

安徒生童話

　　有一次我主講親子閱讀講座，在座家長請我推介適合親子共讀的書籍，我介紹安徒生童話，大家都有些意外，因為童話不是成人的「那杯茶」。其實，安徒生童話深讀的省思，也有淺讀趣味，絕對稱得上老少咸宜，適合親子共讀。

天天到圖書館，大量閱讀

　　安徒生（Hans C.Andersen）1805 年出生於丹麥中部的貧民窟，父親早逝，母親靠洗衣為生。在這樣的環境成長，照理說，很難有遠大的前途，但安徒生依然有夢想：成為演員、歌唱家、劇作家。

　　十四歲那年，他拒絕當裁縫店學徒，提起簡單行李，帶著些微積蓄，毅然到哥本哈根去追尋夢想。

　　到了哥本哈根，幾經波折，安徒生進入皇家歌劇院，無奈長大變聲後，便被迫離開了。有位導演賞識安徒生的才華，安排他入讀文法學校。在學校無論老師或同學，大家都把安徒生看作沒教養的社會下層人，同學還常譏諷他是「鄉下來的笨蛋」。六年的學校生活，安徒生在屈辱和孤獨中度過。

他沒有因此自暴自棄，每天都去圖書館報到，大量閱讀文學名著，並開始寫作。

醜小鴨變天鵝

後來，那位導演為安徒生找到獎學金，讓他入讀哥本哈根大學，順利完成學業。1829 年，安徒生的劇本在皇家歌劇院演出。首演那天，安徒生悄悄坐在劇院的小角落，聽見觀眾的喝采歡呼，不禁流出兩行熱淚。

醜小鴨終於變成天鵝，安徒生終於吐氣揚眉。

《醜小鴨》最後的一句「只要你是天鵝，就算生在養雞場裡也沒什麼關係」，正是安徒生艱苦奮鬥的心聲。可惜讀者到了故事尾聲，總被醜小鴨變成天鵝的奇幻情節所吸引，忽略了最重要的一句。如果改編成簡本或繪本，這句甚至被刪掉了。

安徒生一生共發表 164 篇童話作品。雖然第一本童話集被批評「沒有寫童話的天分」，安徒生還是堅持創作，陸續發表《拇指姑娘》、《國王的新衣》、《醜小鴨》、《夜鶯》等膾炙人口的作品，而且篇篇有深意。

就以《國王的新衣》為例，故事裡的小孩衝口而出：「可是國王什麼衣服也沒穿呀！」直指國王的愚蠢，令讀者捧腹大笑。但多

少人明白，安徒生藉故事批判「君權神授」：國王的權力是神賦予的，不可撼動也不可挑戰。到了現代，更有書評人把視角從國王轉移到部下，延伸討論職場常見的問題：明知老闆一意孤行實施錯誤決定，同事都讚好，你能站出來說不嗎？箇中的掙扎，凡是經歷過的人都能感同身受。

新童話，大人也適合

1845 年後，安徒生把作品稱為「新的童話」，題材和內容明顯是為了吸引成人。這時期的代表作《賣火柴的女孩》，調子低沉，故事讀來教人心酸。儘管他以各種奇異的幻象，例如蘋果、烤鴨、聖誕樹、蠟燭、和藹的祖母等，刻意沖淡死亡的恐怖，但讀者心裡都明白，這只是小女孩在飢寒交迫下、垂死前的幻覺。

安徒生晚年的作品，筆法雖然保留童話的特點，卻已轉換成短篇小說，直接描寫現實生活，或以童話形式寫散文詩，而這些作品普遍仍被歸類為童話。

百多年來，無論是成人或兒童，都能從安徒生童話中得到啟發。你呢？最喜歡安徒生的哪個故事？

原文出處——

梁科慶：〈安徒生的「童話」〉，《文學想多了》（香港：突破，2011），頁 144-53。

百多年來，無論是成人或兒童，都能從安徒生童話中得到啟發。你呢？最喜歡安徒生的哪個故事？

 林平之與小紅帽

林平之是誰？

林平之是金庸小說《笑傲江湖》其中一個角色，為了報仇，自宮練劍，雖練成絕世武功，但變成一個邪惡歹毒的怪人。

《小紅帽》（Little Red Riding Hood）是格林兄弟在 1812年根據採集得來的民間故事編寫而成的童話，講述一個穿著紅色連帽披風的小女孩在森林間遇狼的驚險故事。

金庸小說 vs 童話世界

你一定奇怪，二十世紀金庸筆下的小說人物，怎會跟十九世紀的童話世界扯上關係？細閱下文，自有分曉。

　　兩人的故事都從獨自上路展開。媽媽請小紅帽帶點心給患病的外婆，雖然叮嚀小紅帽在路上不可貪玩、不可與陌生人交談，但小孩不懂分寸，讓其獨自外出，可靠嗎？當小紅帽在森林裡摘了第一朵花後，對於外婆的病和媽媽的叮嚀，統統忘記了。

　　小紅帽獨自上路是聽從母命，林平之則因父母慘遭橫禍，被迫落難江湖。在路上，小紅帽和林平之都遇上「狼」。不像一般童話裡的「掠奪者」（Predator），在小紅帽故事裡，狼扮演一個和善親切的「誘惑者」（Seducer），牠慫恿小紅帽摘花，然後計算時間，先跑到外婆家，吞吃外婆，待小紅帽到訪，再吞吃小紅帽。

　　至於林平之，他遇上的「狼」是外號「君子劍」的華山掌門岳不群，也是一個出色的「誘惑者」。岳不群一上場，就展露上乘武功。走投無路的林平之，立刻要拜他為師。機關算盡的岳不群不僅用武功去引誘林平之，還把貌美如花的女兒推向林平之，林平之不上鈎才怪呢！岳不群為要「吞吃」林家的辟邪劍譜，才向林平之惺惺作態。小紅帽摘花，林平之貪花，俱是因花惹禍，雖則此花不同彼花，但那兩頭狼的手段，實有異曲同工之妙。

無獨有偶的故事情節

　　小紅帽和林平之的不幸，都源自象徵危險的紅色。小紅帽穿著顏色鮮艷的紅披風走進森林，狼於青草綠葉之間，最初留意到的，就是那款不常見的紅色。假若小紅帽改穿一件不注目的素色外衣，說不定會避過狼的耳目。另一方面，引致林平之全家蒙難的辟邪劍譜，寫在一件紅色的袈裟之上。紅色的披風是外婆送的，紅色的袈裟是先祖傳下的，小紅帽把披風穿在身上，林平之把劍譜繫於心上，一露一藏，無巧不成話，都是紅色物件所帶來的危難。

　　禍根雖是前人種下，但當事人也不能不為惡果負上責任。小紅帽隻身入林，而後發生意外，並非「太意外」的事，如果她遠離危險（繞路走、走人多的地方），或增加安全措施（結伴同行、不跟陌生人說話），都是存身免禍的方法；可惜，小紅帽什麼也沒做，輕看路上的危險，結果中了狼的詭計。當她摘完鮮花，跑到外婆家時，發現大門打開，門也不用敲便可入內，進門的過程出奇的容易，她卻毫不懷疑，全沒提防。同樣地，根基與資質均屬平庸的林平之要拜岳不群為師，岳不群一口答應，華山派的門牆竟如此容易進入，林平之亦沒半點懷疑，全沒提防。

　　小紅帽進入外婆家中，聽從床上的「外婆」吩咐，睡在「外婆」身旁。小紅帽察覺「外婆」不對勁，便跟「外婆」說出以下一段經典的對白：

　　「外婆，妳的手真大啊！」「更好用來抱妳囉！」「外婆，妳的腳真大啊！」「更好用來跑步囉！」「外婆，妳的耳朵真大啊！」「更好用來聽聲音囉！」「外婆，妳的眼睛真大啊！」「更好用來看東西囉！」「外婆，妳的牙齒真大啊！」「更好用來吃掉妳囉！」

　　這段關於手、腳、耳、眼、牙的對話，乃是小紅帽試圖搞清楚外婆的不對勁是什麼一回事，恰恰正是聽（hearing）、看（seeing）、摸（touching）、嚐（tasting），小孩用以了解世界的四種感官。

　　相較之下，林平之的感官不及小紅帽的敏銳，他進入華山門牆，繼而將要成為岳不群的東床快婿，仍不大察覺岳不群的不對勁，耳聞、目睹、感受的盡是岳不群的種種好處，直至岳不群劍譜到手，露出爪牙，在背後砍了林平之一劍，林平之於昏迷前瞧見兇手的面容，才如夢初醒，明白一切。不過，岳不群號稱「君子劍」，偽裝功夫當然比森林裡的狼更勝一籌，林平之入世未深，怎會料到這個師父兼未來外父竟是一頭披著羊皮的狼呢？

「善惡到頭終有報」是千載不變的道理

最後，兩頭狼都奸計得逞，狼吞掉小紅帽，岳不群吞掉辟邪劍譜，各得其所。故事若就此完結，就不符合善有善報、惡有惡報的童話式審判。於是，童話作者安排一個獵人，趁狼熟睡時，割開牠的肚皮，救出外婆和小紅帽，再把石塊塞進狼肚裡。狼醒過來，覺得口渴，走到井旁喝水，因肚子負荷過重，失去重心，栽下井裡死了。

岳不群也沒好下場。他侵吞劍譜後，以為藉此練成神功，天下無敵，貪勝不知輸，於追殺令狐沖時，誤墜陷坑，落在任盈盈手上，被迫吞服「三屍腦神丹」，空有一身絕技，卻為毒藥所制，一敗塗地。

狼墜井，岳不群墜坑；狼亡於肚腹裡的石塊，岳不群敗於肚腹裡的毒藥。兩個相似的結局，一個千載不變的道理：善惡到頭終有報。

原文出處——

梁科慶：〈戴上小紅帽的林平之〉，《文學想多了》（香港：突破，2011），頁 118-25。

兩個相似的結局，一個千載不變的道理：
善惡到頭終有報。

 ## 三隻小豬搬出去住

在歐美社會，父母從小訓練孩子獨立自主，孩子長大後「搬出去住」的情形，比我們普遍多了。耳熟能詳的「搬出去住」的童話《三隻小豬》（The Three Little Pigs），就是源自歐洲。

培養獨立、堅強和勇氣

在各地的兒童圖書館裡，《三隻小豬》繪本該屬必然館藏。這故事最早的印刷版本出現於 1843 年，收錄在一冊倫敦出版的童話集《Nursery Rhymes and Nursery Tales》之內。當然，這個故事遠在 1843 年前已廣泛流傳於歐洲的家庭當中。

《三隻小豬》流傳至今，內容已經無數次增刪，例如，為了淡化故事的暴力色彩，現代版本把狼吃掉豬，或豬吃掉狼的情節刪去。但不管故事如何改動，開場始終不變：

豬媽媽打發她的三隻小豬到外面的世界，過自己的生活。（Mother pig sends her little pigs out into the world to live on their own.）

乍看之來，豬媽媽未免無情。可是，玉不琢不成器，小孩太受保護、人倚賴父母，難以培養出獨立、堅強和勇氣。我記得《聖經·申命記》32章11節：「又如鷹攪動巢窩，在雛鷹以上兩翅搧展，接取雛鷹，背在兩翼之上。」為訓練雛鷹學飛，鷹媽媽就會驅趕子女離巢。所不同的，鷹媽媽較豬媽媽盡責，在訓練過程中，給予雛鷹足夠的支援和引導。豬媽媽太過放任，送豬入狼口。這讓毫無社會經驗的小豬走進遍佈壞蛋的世界，結果兩隻小豬慘遭大壞狼吃掉（原來的版本）。

從草屋到磚屋，傳承與創新

同樣是自建居所，三隻小豬的命運大不同，差別在於勤力與懶惰。讀完《三隻小豬》，大家多半明白故事的教訓：做事要勤勞踏實，不可草草了事、貪圖逸樂。然而，三隻小豬的建屋過程：由草屋至木屋，再由木屋至磚屋，其實也象徵人類建築技術的發展，這點，就不知有多少人看出來。

人類的進步是經驗的累積，沒有一步登天的。想想便知道，假如欠缺搭建草屋的經驗，如何砍樹並建造結構結實的木屋？沒有建造木屋的經驗，也很難一下就砌出有模有樣的磚屋來。

成功的因素，除了勤力，往往還有傳承與創新。

隨時代改變，越來越新穎

在書籍製作上，《三隻小豬》同樣有逐漸發展的歷程：各種版本湧現，無論插圖、文字撰寫、版面設計、書度尺寸，都不斷推陳出新。更有趣的是，後來還出現了如《三隻小狼與大壞豬》（The Three Little Wolves and the Big Bad Pig）一類的改寫本，把傳統角色徹底顛覆，讀起來，更加覺得另有一番趣味。

在《三隻小豬》的發展演變，最大的突破，莫過於 1933 年迪士尼公司把故事拍成卡通短片。在這齣卡通裡，小豬不但各有名字，還具不同的音樂才能，建草屋的 Fifer Pig 會吹笛子，建木屋的 Fiddler Pig 會拉小提琴，建磚屋的 Practical Pig 會彈鋼琴。整個故事有驚無險，三隻小豬最終在磚屋裡打敗大壞狼，皆大歡喜。

隨著時代與科技進步，童話故事的表現方式，也越來越新穎。下回到圖書館借書，不妨留意是否有不同的版本；如果有，建議你好好比較一下，也許會有新發現！

原文出處——
梁科慶：〈搬出去住〉，《文學想多了》（香港：突破，2011），頁 98-103。

人類的進步是經驗的累積，沒有一步登天的。想想便知道，假如欠缺搭建草屋的經驗，如何砍樹並建造結構結實的木屋？沒有建造木屋的經驗，也很難一下就砌出有模有樣的磚屋來。

 **野獸國**

經典繪本《野獸國》（Where The Wild Things Are）由十九幅水彩圖畫組成，開展故事的第 1 幅圖：「那晚，麥克斯穿上狼外套開始搗蛋。」衣式最易過時，這本 1963 年的舊作，在今天閱讀仍不覺過時，作者桑達克（Sendak）第一個成功要點是避開具時間規限的視覺材料，給主角穿上一件「角色扮裝」（cosplay）式外套，幹他的野蠻行為：破壞牆壁、追打小狗。

圖文配合，更簡潔生動

媽媽忍無可忍，在第 3 幅圖把麥克斯關在房內，不給他晚餐，隔著房門罵他「野獸！」麥克斯忿忿不平地回敬一句：「我要吃掉你！」桑達克示範了繪本的另一個竅門：圖文之間互相配合和補充，並非以文字複述圖畫的內容，而是用最簡潔的文字寫出畫筆難以交代的資料，如對話、背景等，又以生動的圖畫暗示文字不易表達的動作。

從第 4 幅圖開始，房內長出植物（麥克斯進入夢鄉），傢俱被草木遮蓋，窗外的月亮變得明亮，星星增多。麥克斯的表情從一臉

不在乎，到掩嘴賊笑，當睡房變成樹林，他更放肆地跳舞，本是被動的禁足於睡房，他已主動的控制環境，甚至在第 7 幅圖揚帆遠航，展開兒童故事常見的旅遊模式「離家——冒險——回家」，小孩在家中遇到挫敗，便渴望逃離，掙脫居家生活的限制，在旅途上重新省視與家人的關係，繼而肯定家的價值。同時，畫面逐頁擴大，當麥克斯進入另一個神秘世界時，版面亦相應地出現跨頁。

藉由明暗色彩，可怕的場景呈現不同效果

第 8 幅圖之後，麥克斯與野獸接觸，圖文之間存著有趣的不協調，桑達克用了四次「可怕的」（terrible）去描述野獸的吼叫、張牙、瞪眼、舞爪；然而，野獸的造型卻別致趣怪，桑達克採用暗綠淡藍和濃淡不一的紫色，全是夢樣的暖色，和諧舒服。在《野獸國》出版之初，曾引起爭議，有些家長、教師、學者擔憂書中的野獸嚇壞兒童讀者，結果，小孩不僅沒被嚇壞，反而越來越喜歡此書。

到了第 10 幅圖，故事出現角色逆轉，麥克斯喝令野獸「別動」，野獸們立即惶恐噤聲。媽媽的影子投射在麥克斯身上，怪獸則扮演兒子的角色，馴服在權威底下。之後，麥克斯頭戴皇冠，手執權杖，成為野獸國王。他完全控制一切，同時亦完全失控，情況就像他在家中搗蛋。第 12 至 14 幅圖，情節進入高潮，麥克斯與野獸一起大鬧特鬧，三幅雙頁圖畫，空間全是水彩，沒一個文字，桑達克讓圖畫接管整頁敘事。

　　高潮過後，第 15 幅圖的畫面開始縮小，麥克斯的狂野心情回落，他模仿媽媽對他的管束，打發野獸去睡，又不給牠們晚餐。當野獸呼呼入睡時，他手托下巴，感到孤單，就在這陣子，食物的香味從世界的另一邊飄來。

　　經歷了「離家」與「冒險」，在第 16 幅圖，麥克斯登船「回家」。野獸們在岸邊大叫：「請不要走——我們要吃掉你——我們愛你！」牠們複述麥克斯恐嚇媽媽的話，也道出他的心聲。他對媽媽已由怨轉化為愛。

　　第 17 幅圖的畫面進一步縮細，麥克斯在夜間航行，合上眼，睡著了。到他張開惺忪睡眼時，已身在正常的睡房，畫面縮至單頁，再沒跨出去（畢竟主角已回家）。麥克斯脫下狼外套的帽子——穿上狼外套象徵他扮演一個野蠻的小孩，脫下暗示願意學乖。然而，在這幅圖裡，最重要的是，他在桌上找到晚餐。

讀者的想像將接續完成故事

　　第 19 幅不算是圖，只是空白頁，上面寫著一行字「晚餐還熱呢！」桑達克在此擱筆。麥克斯先吃晚餐？還是摟著媽媽親一下？就留給讀者想像。

原文出處——

梁科慶：〈進入 Max 的「野獸國」〉，《文學想多了》（香港：突破，2011），頁 44-52。

桑達克示範了繪本的另一個竅門：圖文之間互相配合和補充，並非以文字複述圖畫的內容，而是用最簡潔的文字寫出畫筆難以交代的資料，如對話、背景等，又以生動的圖畫暗示文字不易表達的動作。

 **說故事**

　　說故事（Storytelling）是公共圖書館一項歷史悠久的推廣活動，目的是吸引潛在讀者進入圖書館及使用資源、增加與讀者溝通及互動、鼓勵兒童閱讀及認識館藏。在北美，可追溯至 1899 年匹茲堡卡內基公共圖書館的「故事時間」，文獻記載，當日有 300 名兒童參加，活動結束後與主題有關的莎士比亞故事書全被借光。我從前在加拿大唸圖書館學時，教授特別設計兩節課，講授說故事的理論與技巧，課後還有測驗，學生各自到市內的公共圖書館為小孩說故事，教授坐在一旁評分。班上的媽媽輩、姨姨輩、姐姐輩的女同學，完全沒把這個測驗放在眼內，但我們幾個五大三粗的男生一聽見就頭痛，有人帶頭去找教授說項，希望以其他習作代替。禿頭教授聽罷陳情，摸著下巴的短鬚，莞爾一笑，以同情卻愛莫能助的口吻回答：「我們是不搞性別差異的。」

小孩都愛聽故事，無論講故事的是誰

沒辦法，我惟有在約定的日期和時間，硬著頭皮踏進兒童圖書館，來到一班學齡前的小孩跟前。他們有些在吮指頭，有些在地上爬，有些玩洋娃娃，有些用他們才懂的「BB 語」聊天。我像一頭迷失在南極的長毛象，誤闖一群小企鵝的生活圈，只覺格格不入，無所適從。然而，當我從背包取出繪本時，奇怪的事情發生了。不管是坐著或躺著，一雙雙不同顏色的小眼睛投以熱切期待的目光，目不轉睛地瞧著我手上的書。我那才明白，原來小孩都愛聽故事，不論導師的性別、種族、年紀，這是他們的故事時間，只要有人說，他們就愛聽，動聽不動聽倒是次要。那天，生平唯一一次在圖書館說故事，我的得分僅可及格，課堂所學的技巧沒一項使得出來，教授放我一馬，皆因小孩「非常享受」那段故事時間，即使我的表現多麼糟糕。

故事時間的年齡分段

故事時間的年齡限制各地不同，紐約公共圖書館是 6 個月至 7 歲，溫哥華的是 18 個月至 5 歲，威靈頓的是學齡前，都按年齡分組進行，例如 18 個月至 3 歲、3 至 5 歲。相對而言，華人地區的限制寬鬆得多，香港公共圖書館是 4 至 12 歲，臺北的是 12 歲以下，都沒按年齡分組，即是說，4 歲的幼稚園學生與 12 歲小學生有機會同處一室，一起聽故事，如果我是導師，面對 4 與 12 的組合，一定找不同合適的讀物。

享受故事，不帶有太多目的

學齡前的小孩、初小學生識字不多，除了看繪本，聽故事是接觸書本的途徑。高小學生已有足夠的閱讀能力，可在圖書館裡自由看書，無須經過大人篩選、解讀、複述故事，尤其大人早已失落童真，觀人看事多少帶著世故的人生觀、功利的價值觀。《小王子》的經典情節「蛇吞象」恰好反映這大人與小孩的分野，當大人們明白 6 歲小孩所繪的是不切實際的蛇吞象，而非一頂寫實的帽子，便建議小孩把蛇吞象這件事放到一邊，還是好好把精力放在學業上，如地理、歷史、數學、語法等，使到小孩洩了氣，放棄夢想。其實，大人們忘了歷史上許多創新和發明源自不切實際的夢想。

恨鐵不成鋼，有些大人為說故事加設若干預期目標，把聽故事的「享受」放到一邊，只在意小孩從故事中學到什麼道理，而這些道理卻是大人有意無意的添加在原著之中，像在童眼與世界之間，加上一副老氣橫秋的眼鏡。所以，故事時間僅是一種過渡，有能力的小孩應自己看書，透過閱讀文字直接與作者對話。

其實，大人們忘了歷史上許多創新和發明源自不切實際的夢想。

讀書如交友

讀書如交友，透過文字跟作者邂逅，是一種傳統的浪漫。

靜心細味一冊好書，享受文字的動感與美感，與不相識的作者思想交流，跟觀看屏幕畫面的浮光閃影是兩碼子的事。

廣泛閱讀，拓展視野

閱讀的好處相信沒人否定，實踐起來卻各走極端，有人主張「貴精不貴多」，有人追求「博覽而多識」。前者是交友經驗的投射，相識遍天下，知心有幾人？環顧身邊，陪你吃喝玩樂的大有人在，投契的、知己的確沒多少個。不過，若把重點放在閱讀，年少的你，閱歷尚淺，興趣未定，人生方向尚待建立，應當拓闊視野，認識新事物，不該自設藩籬，廣泛閱讀是不二的良策。古人談交友之道是個佐證：

「對淵博友，如讀異書；對風雅友，如讀名人詩文；對謹慎友，如讀聖賢經傳；對滑稽友，如閱傳奇小說。」

如把文句次序反過來，比喻同樣貼切。

閱讀不同書籍如同交往不同朋友

讀一本珍奇而冷門的書，就像跟一位學問淵博的朋友促膝長談，他源源不絕的為你提供新知識、新趣味，教你耳目一新，增廣見聞，說不定得到啟發，新的人生目標由此而來。

讀名家詩文佳作，就像結識一位瀟灑文雅的朋友，從而學習古典詩詞的意境俊逸、用字精工，所謂「熟讀唐詩三百首，不會吟詩也會偷」，你的語文功力一定大有長進。

讀古聖先賢的經典著作，就像跟一位謹慎端正的朋友同行，耳濡目染之下，助你提升內涵，培養品德，做個正直誠實的人。

讀內容精彩的傳奇小說，就像與一位詼諧風趣的朋友把盞言歡，永遠不知他下一刻給你什麼驚喜，讓你拍案叫絕，整天的辛勞、愁煩，頓時一掃而空。

開卷有益，可見，不同的作品帶給你不同的享受和益處。所以，走進圖書館，「朋友」多的是，選擇也多的是，滿腹經綸的、字字珠璣的、見聞廣博的、溫柔婉約的、豪邁奔放的、奇趣幽默的，應有盡有，目不暇給，如沒頭緒，隨便從書架找一本，翻一翻，略覽淺讀，或許就是緣分的起點。

關係由淺入深，閱讀亦然

由淺而深、從駁雜到集中，同樣是一般人的交友經驗。

最初，一大班普通朋友外出消遣如打球、吃飯、看電影，日子一久，談得來的、志趣相投的、彼此存有好感的漸漸走在一起，人數由多而少，感情由淺而深，話題由表面應對到傾心吐意，慢慢發展成知交密友或男女朋友，於是跟其他朋友見面的時間大為減少。

有趣的是，一般人的閱讀經驗亦相似。

最初是雜亂無序的找書看，可能這本不喜歡，那本不合意，漸漸的，某個課題引起你的興趣，或某位作者給予你好感，於是你集中閱讀相關課題的作品，或追讀該位作者的其他著作，由蕪雜而專精，於是花在其他雜書的心力和時間大為減少。

然而，相似不等於相同，交友切忌見異思遷，讀書無妨貪新念舊，書海浩瀚，許多新「朋友」佇候你來結交。

讀書如交友，透過文字跟作者邂逅，是一種傳統的浪漫。

靜心細味一冊好書，享受文字的動感與美感，與不相識的作者思想交流，跟觀看屏幕畫面的浮光閃影是兩碼子的事。

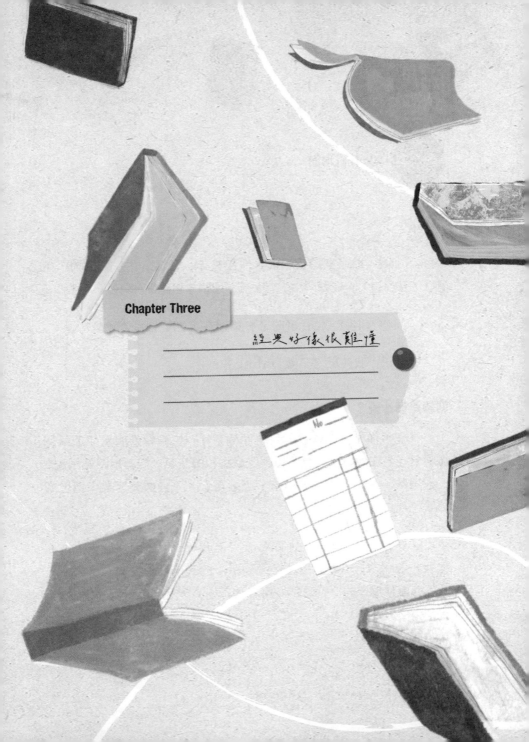

Chapter Three

經典好像很難懂

 少不讀水滸

「小明，爺爺來探我們啦，快出來。」媽媽站在睡房門前，用指尖「得得得」的敲響門扇。「我過了這關才可跑開。只差一點點。」

「哎喲，小明在忙什麼呀？」爺爺在客廳笑著張望睡房。

「爺爺，我在玩《三國 Online》。」

閱讀是個比賽？

「爸，你先坐下歇歇，我給你倒茶。」媽媽轉進廚房。爺爺稍微嘆氣，坐在沙發上，想了想，以最溫和的語氣，婉轉地跟媽媽說：「淑美呐，我聽人家說，小孩子沉迷電玩，不僅妨礙學業，還影響腦筋、視力……」

「你放心好了，爺爺。媽每天只准我玩一小時線上遊戲，做完功課才上網。」小明跑出睡房，「趴」的跳落爺爺身旁。「對呀，我不會讓他放肆的。」媽媽從廚房端茶出來，「老爺，請喝茶。」

「謝謝。」

　　「小明，你昨天不是拿了一個閱讀獎嗎？」媽媽推小明的背，「快拿給爺爺看。」

　　「什麼閱讀獎？」爺爺臉上再露笑容。

　　「是他們小五級的全級第一名，上、下學期閱讀課外書最多。」

　　「真的？總共讀了多少本？」小明又跑回來，把一張彩色的獎狀放在爺爺的大腿上，然後舉起五根指頭。

　　「五本。」爺爺猜道。

　　「不，五十本。」

　　「嘩！五十本那麼多。一年有五十二個星期，算起來，你平均每星期看一本書，很用功呢！」爺爺摸摸小明的頭，「看過那些書？有沒有古典名著？」

　　「書名都印在獎狀背頁。你自己看吧。」

　　「哦，讓我看看，第一本原來是《水滸傳》。哈，不說你們不知，爺爺我當年也是唸小五時第一次讀《水滸傳》，不過。那時候我爸不准我讀，我是偷讀的。」

「你的爸爸為什麼不准你讀課外書？」

「他說，老不讀三國，少不讀水滸。」

老不讀三國，少不讀水滸

小明一臉不明白。「《三國演義》，權謀詭詐，老人閱歷豐富，只怕越讀越老奸巨猾。《水滸傳》，快意恩仇，少年人血氣方剛，只怕越讀越好勇鬥狠，例如魯達三拳打死鎮關西，你們不辨是非，只怕有樣學樣，隨便打架生事。」

「魯達為什麼拳打鎮關西？」小明好奇地問。

「鎮關西欺凌百姓，魯達為民請命，咦！你怎會不知道原因？」不明白的表情轉到爺爺臉上，「你不是讀過《水滸傳》嗎？」

小明搖頭。

閱讀獎的假象

「你沒讀過《水滸傳》？怎拿閱讀獎？」

「拿閱讀獎，交閱讀學習單就可以。我交得最多，便拿獎。」

「你不看書，怎能完成閱讀學習單？」爺爺越聽越糊塗。

　　「不須把書打開。封面和封底通常印上所需資料，書名、作者、出版社、內容大要等等，都齊全。假若還不夠，翻開內頁，抄錄一些金句，一定足夠。」小明說得頭頭是道，「我坐在圖書館裡，左抄右抄，一個早上，至少做它一、二十份閱讀學習單。」

　　「這……怎可以……這是……自欺欺人……」爺爺的笑容僵硬。

　　「小明，」媽媽連忙搭著小明肩頭，「爺爺說得對，我們不能自欺欺人，明天，你開始讀《水滸傳》……」

　　「不，少不讀水滸，我看三國吧。」

　　「也好……」

　　「我這就去上網。」

　　「又上網？」爺爺不解。

　　「電子書……」媽媽代為解釋。

　　「不！我去看網上重播的電影版三國，金城武飾演諸葛亮，很酷喔。」小明邊跑邊嚷。媽媽瞧著爺爺苦笑，爺爺卻一點笑容也擠不出。

 **半路攔劫**

　　童話故事不時會出現「半路攔劫」的情節，1841 年出版的挪威童話《三隻小羊嘎啦嘎啦》（The Three Billy Goats Gruff）是很典型的例子。

　　故事裡，三隻羊要往河的對岸吃草，最小的羊首先走上小橋，嘎啦嘎啦的蹄聲惹怒橋下妖怪。妖怪爬上來，準備吃掉小羊。小羊說：「請不要吃我，再過不久，我的哥哥就會過橋，牠長得比我還要大。」妖怪於是讓小羊過橋。不久，中羊來了，情節、對話和先前一樣，妖怪為了吃更大的羊，也讓中羊過了橋。

　　最後，大羊嘎啦嘎啦的走上橋。妖怪攔住去路，正要吃大羊時，反被大羊用一雙尖角撞至粉身碎骨，掉進河裡。

　　大人喜歡以這個故事為教材，引導孩子掌握小、中、大的遞進（Transfer）概念。另外，若使用英文版本，藉著重複對話，例如 "Who's that trip-trapping over my bridge / I'll eat you up / Don't eat me up"，還可以訓練小孩運用英語的代名詞（Pronouns）和縮語（Contractions）。

妖怪與夜叉

《三隻小羊嘎啦嘎啦》的版本甚多，儘管大、中、小三羊的插圖造型大異其趣，但妖怪則一面倒地傾向醜陋、恐怖。編輯和插畫師大概認為，妖怪的造型越猙獰，越具感染力。

那隻又醜又惡的妖怪，一向甚少人談論。大家相信牠的作用，恍如其他童話故事裡的狼、狐狸等壞蛋，跑出來嚇嚇小朋友，便被主角消滅，沒什麼值得探討之處。不過，牠令我想起《水滸傳》裡的「母夜叉」孫二娘。

「夜叉」本是梵語 Yaksa，是佛經中一種形象醜陋的惡鬼，性情凶暴。我曾在介紹敦煌壁畫的書裡看過「夜叉」的圖畫，禿頭上長了幾個如角一般的肉瘤，青面獠牙，樣子煞是可怖。

孫二娘綽號「母夜叉」，她的長相自然不會好看。在善本《水滸傳》裡有孫二娘的白描述：「眉橫殺氣，眼露兇光，轆軸般蠢坌腰肢，棒槌似桑皮手腳。」

就憑這副嚇人的造型，我不免打趣的聯想：「母夜叉」應該是《三隻小羊嘎啦嘎啦》那隻妖怪的遠房親戚吧！除了樣子醜陋，他們所做的壞事同出一徹，都是藏匿於交通要道，半路攔劫。

邪不勝正，大快人心！

孫二娘與丈夫「菜園子」張青在十字坡開黑店，擇肥而食，把蒙汗藥摻進酒裡，迷暈客人後犯案。

不過，上得山多終遇虎，有一天比老虎更厲害的「打虎英雄」武松走進黑店。孫二娘有眼不識泰山，以為武松是尋常的「待牢肥羊」，上前「笑容可掬」的招待。之後，兩人的二十二句對話之中，她的表現是「嘻嘻笑」、「笑著」、「心裡暗笑」、「笑道」、「大笑道」等，大笑、小笑、明笑、暗笑共八次之多！可以見得，這人笑裡藏刀，對比橋下妖怪的猙獰凶暴，更添上一分陰險。

武松當然沒中計，非但沒喝下迷暈酒，還飽以老拳，就像大羊打敗妖怪一般，邪不勝正。

「半路攔劫」是大有發揮空間的創作題材，寫在不同的作者筆下，可以是一則古老的童話，也可以是經典小說的一章。有機會你也可以自己創作寫寫看。

當然啦，走進圖書館，書本的世界妙趣橫生，閱讀別人的創作，享受精彩絕倫的故事，永遠不會令你失望。

原文出處——
梁科慶：〈攔途截劫〉，《文學想多了》（香港：突破，2011），頁 126-133。

當然啦，走進圖書館，書本的世界妙趣橫生，閱讀別人的創作，享受精彩絕倫的故事，永遠不會令你失望。

 男不讀紅樓

「各位同學，歡迎參加小六級的讀書會。」林老師用一雙圓圓的大眼睛，跟每位同學作親切的眼神交流，沒遺漏圖書館裡任何一人，「今天，我為大家推介一本名著，它是中國四大奇書之一，我個人非常欣賞，既然是讀書會，我們要讀，就讀最好的……」

「到底是什麼書呢？」有人低聲問旁邊的同學。

中國經典著作

「這本書，就是……」林老師淺淺一笑，回身從書架取下一本厚厚的書，「《紅樓夢》。」

「啊──」全場嘩然。一半同學面露痛苦的神色，另一半則大失所望。正當眾人嘟囔之際，黃小鴻高舉右手。「請大家安靜，黃小鴻有意見發表。」林老師脆地拍響手掌。「老師，古人有云，男不讀紅樓。」黃小鴻搖頭晃腦，「為了遵行古訓，我提議，《紅樓夢》由女同學負責，男同學則讀《名偵探柯南》。」

「好耶！」男生一致贊成。

「不公平！」女生齊聲抗議。「靜一靜。黃小鴻的提議其實不錯，不過他只說了上半句古訓。還有下半句——女不讀西廂。」林老師再從書架取下一本較薄的《西廂記》，「這樣吧，女同學讀《紅樓夢》，男同學讀《西廂記》。」

「不公平！《紅樓夢》那麼厚。」女生繼續抗議。

「厚？的確是一厚一薄，不公平。」林老師眨眨眼睛，「那麼，女同學讀紅樓裡的……劉姥姥遊大觀園吧。我希望大家欣賞作者如何從一個尋常老婦的視角，描述大觀園的不尋常。」

這趟，輪到女生贊成，男生抗議。

「這樣吧，男同學只讀《西廂記》的……」林老師故意頓了頓，笑道：「拷紅。重點是看紅娘如何避過崔老夫人的責打。」

於是，男女生都一致同意。「老師，這安排，是不是讀最好中的最好？」一名女生問。

男不讀紅樓，女不讀西廂

「也可以這樣說。」「老師，男不讀紅樓，女不讀西廂，背後有什麼原因？」另一名女生問。「我知道。」黃小鴻搶著回答，「正

所謂男兒當自強，那個賈寶玉終日依戀大觀園裡的鶯鶯燕燕，不思上進，終日無病呻吟，男孩子不應學習。」「唔，提出男不讀紅樓的人，的確有這個意思。那麼，女不讀西廂呢？」「女孩子的事，我不懂。」黃小鴻攤開雙手，「找個女孩子答吧。」「女同學懂嗎？」林老師問。

沒人回應。

「我也是女孩子，我答吧。」林老師瞧瞧《西廂記》的封面，「古人嚴守禮法，男女授受不親，崔小姐瞞著媽媽私會張生，於禮不合。今天，我們雖然活在自由戀愛的時代裡，但女孩子仍要懂得保護自己，不能戀愛大過天，沉溺愛情而不顧後果。」

「這就是古典名著的時代意義嗎？」黃小鴻問。

優秀的文學作品，價值是永恆的

「對啦。優秀的文學作品，價值是永恆的。」林老師指著身後的書架，「它們就在這裡，只待大家發掘。我們的讀書會，就由紅樓、西廂開始吧。」

「我們動手發掘，來。」黃小鴻帶頭取書。「看書用眼，不用手。傻瓜。」有人取笑道，引來哄堂大笑。

優秀的文學作品，價值是永恆的。

 寶釵失蹤案

　　唸初中一時，受老師激勵，立志在暑假裡讀完一遍《紅樓夢》，結果一鼓作氣的看了三頁，捱不住，放下了，直至許多年後，選修中文系的文學評論課，為要寫作業迫不得已再度拾起《紅樓夢》，那才發覺好看，經典名著果然名不虛傳。現在寫小說，仍不時重看，即使寫推理故事，亦能從中「偷師」，像下面的「寶釵失蹤案」，讀得通需要有點偵探頭腦。

作者的刻意遺漏

　　《紅樓夢》第四十回，賈府的窮親戚劉姥姥探訪榮國府，賈母邀劉姥姥遊大觀園、吃午飯。鳳姐與鴛鴦為哄賈母高興，設計作弄劉姥姥。劉姥姥亦配合「需要」，誇張地展現「村婦進城」式糊塗，當吃鴿子蛋時，她站起身，高聲說道：「老劉，老劉，食量大似牛，

吃個老母豬不抬頭。」然後鼓著腮不語。一眾大觀園裡的大家閨秀，平日規行矩步，經不起劉姥姥的「突襲」，反應超級具喜劇效果：

「眾人先是發怔，後來一聽，上上下下都哈哈的大笑起來。史湘雲掌不住，一口飯都噴了出來。林黛玉笑岔了氣，伏著桌子嗳喲。寶玉早滾到賈母懷裡，賈母笑的摟著寶玉叫『心肝』。王夫人笑的用手指著鳳姐兒，只說不出來。薛姨媽也掌不住，口裡茶噴了探春一裙子。探春手裡的飯碗都合在迎春身上。惜春離了坐位，拉著他奶姆，叫揉一揉腸子。地上的無一個不彎腰屈背，也有躲出去蹲著笑去的，也有忍著笑上來替他姊妹換衣裳的，獨有鳳姐鴛鴦二人掌著，還只管讓劉姥姥。」

這一場「群戲」，每位主要角色都精要地、精彩地交代至少一個表情或動作，莫不盡情開懷。然而，仔細看一遍，偏偏少了寶釵。眾人起哄之前，作者曹雪芹不厭其詳地交代座位分配，當中「賈母帶著寶玉、湘雲、黛玉、寶釵一桌」，一桌五人，四人笑得人仰馬翻，獨欠寶釵隻字不提，她明明在場的，是曹雪芹大意遺漏嗎？當然不是。

寶釵的特徵是「冷」，為人恬淡素雅、輕言寡語、端莊凝重，處事大方得體，待人保持一段「不親不疏、不遠不近」的安全距離。這樣的一個人物，於儀禮規範中一直表現完美無瑕，冷不提防劉姥

姥來一場即興「棟篤笑」[*]，寶釵該如何反應？不笑或淺笑，有違人性；大笑，又不合人物形象。何況，寶釵一心要當「寶二奶奶」，在賈母跟前，她不能失儀；在「意中人」寶玉跟前，她不能失態；在「情敵」黛玉跟前，她不能失色。故此，留白是一個最恰當的處理。

留白也是寫作手法

留白並非避重就輕，相反，是一種藝術表現手法。留白本是水墨畫技巧，文畫同源，計白當黑，空白之處與著墨部分，組合成整體構圖，虛者留白，實者鋪黑，黑白互補，虛實相繫。因此，劉姥姥突如其來的滑稽言行，黛玉等人的肆意大笑，是實寫，不提寶釵則是虛筆。尤其黛玉，猶如一個玻璃打造的人物，內外一覽無遺，她「笑岔了氣，伏在桌上嗳喲」，合乎人物性格，生動傳神。相反，寶釵工於心計，喜怒不形於色，曹雪芹給她一個留白。兩雙對照，黑白分明，虛實有致。

究竟，寶釵有沒有笑？大笑抑或淺笑？讀書如觀畫，看的人要自行揣摩了。

---

* 棟篤笑：單口喜劇，脫口秀

　　讀者靠揣摩去理解寶釵，乃《紅樓夢》其中一種讀法，因為曹雪芹自始至終即甚少著墨於寶釵的心理活動，讀者對這個人物的認識，幾乎只限於其外在舉止而間接揣想得來。

經典不衰，可從各種角度品味閱讀

　　以上一個小小的例子，至少說明三件事。第一，有些書，你當下不愛看，不等於永遠不喜歡，捱不住，放下了，隔一段日子，不妨再拾起來試讀一下，或有新體會。第二，經典名著，經得起時間考驗，永不過時，有其價值所在，喜歡不喜歡，總要讀一遍。第三，如非寫作業，讀《紅樓夢》不必理會什麼批評派、索隱派、考證派、探佚派，直接與作者對話，好像這宗「寶釵失蹤案」，縱然沒論者提及，亦無礙讀者發現與思考。

 讀一首唐詩

　　我不懂寫詩，卻喜歡讀詩，尤其是唐詩，所謂「熟讀唐詩三百首，不會吟詩也會偷」，我主要寫小說，但詩的意境、用字等技巧，都有很多借鑑的地方，例如以下「詩聖」杜甫寫的五言律詩〈擣衣〉：

　　　　　　　亦知戍不返，秋至拭清砧；
　　　　　　　已近苦寒月，況經長別心。
　　　　　　　寧辭擣衣倦，一寄塞垣深；
　　　　　　　用盡閨中力，君聽空外音。

　　意譯：知道衛戍邊塞的你不會回來，秋天到了，我在家拭抹清冷的砧石，預備擣衣；苦寒的月份臨近，我們分別已久，時刻記掛在心。我不辭勞苦擣衣，把寒衣寄往遙遠的邊塞；我在家中用盡力氣捶打，你聽那響徹天外的擣衣音。

詩句虛實遠近交錯，傳遞細膩情感

　　擣衣是古代婦女縫製寒衣的一項工序。新織成的布帛非常堅硬，不能用來剪裁衣服，因此，婦女先將布帛放在鍋裡煮透，再用水反

覆漂洗，然後鋪在平滑的砧石上，拿木杵不斷捶打，直至布帛變得柔軟，才用作縫紉。

杜甫在唐肅宗乾元二年（公元 759）有感而作，寫成〈擣衣〉。那時，唐室內外交困，內有史思明攻陷洛陽，關中發生饑荒，民不聊生。外有吐蕃侵擾邊境，朝廷廣徵百姓戍邊，冬天來臨，家人為遠在邊塞服兵役的丈夫、兒子趕製寒衣。「詩仙」李白的名句「長安一片月，萬戶擣衣聲」，同樣悲切。

古來征戰少人回，丈夫遠戍，可能一去不返；古時通訊落後，妻子在家中苦苦等待，音書全無，料是絕望。縱然絕望，仍要張羅寒衣，明知丈夫穿上寒衣的機會不大，寒衣卻不能不做。

〈擣衣〉的藝術技巧高超，具電影感，取景如鏡頭迭換，遠近交錯，時而秦州閨中，時而遠方「空鏡」，虛實相間，詩句以內心獨白展開，擣衣動作與思緒緊密扣合，感情濃郁而真摯。試以電影畫面代入，逐句細讀：

詩句	遠 / 近	虛 / 實	詩意
亦知戍不返	遠	虛	丈夫遠戍，一去不返，音書全無。妻子在家中苦苦等待，料是絕望。
秋至拭清砧	近	實	秋至秦州（邊塞的氣溫更低），妻子於閨中擣衣，拭抹砧石，觸手清冷。

詩句	遠／近	虛／實	詩意
已近苦寒月	近	實	冬季將臨，天氣轉寒，妻子獨守閨中，內心淒苦。
況經長別心	遠	虛	夫妻之別，不論時間、路程，均是漫長的。此別，恐成永訣。
寧辭擣衣倦	近	實	閨中，妻子擣衣至倦，力倦而心不倦。
一寄塞垣深	遠	虛	寄衣遠方，丈夫收不收到？有沒有機會穿上？毫無把握。
用盡閨中力	近	實	閨中，妻子盡力擣衣，力盡而意不盡。
君聽空外音	遠	虛	丈夫生死未卜，擣衣、寄衣、砧聲全屬虛空的寄託。

　　妻子身在秦州，此時此地，眼見、耳聞、手觸盡是擣衣，不論布帛、木杵、砧石、砧聲，都是實在的、真確的。妻子一面擣衣，一面思念丈夫，神馳邊塞，心繫遠方，思想突破時空局限。

　　擣衣的動作是機械的，思想是超脫的；動作是勞，思想是苦；動作是實，思想是虛。一近一遠，近而實，遠而虛，對於實實在在的為丈夫縫製一件寒衣，妻子絕對有把握，至於丈夫能否穿上，就沒半點把握了，「用盡閨中力，君聽空外音」，真箇聞者傷心，吟者垂淚。杜甫描劃的，豈止秦州的一家一戶？「亦知戍不返，秋至拭清砧」，實乃苦難大地的縮影。

四十字勝萬語

　　用字方面，詩中「知」、「拭」、「別」、「擣」、「寄」、「用」、「聽」等動詞（動作），與妻子的情意結合，使到動作呈現一立體狀態，有血有肉有情。另外，「苦」為「寒月」添上一層哀愁，「倦」帶出力倦而心不倦，「盡」暗示力盡而意不盡，「深」一言雙關，既指邊塞的遠，也指愛情的深。總之，〈擣衣〉以最精確的文字、最和諧的組合，最濃縮的句子，表達曲折細密的感情，八句四十字，猶勝千言萬語。

原文出處──
梁科慶：〈杜甫詩「擣衣」〉，《文學想多了》（香港：突破，2011），頁 70-6。

 閱讀＝再創作

「創意思考」的訓練班，在坊間相當普遍。我看過其中一份宣傳單張，授課目的寫著：「營造支持性環境，激勵學員延緩判斷，提出多元性思考。」簡介中也說明導師會設計多樣的實驗情境、繪製各種心智圖，刺激學員離開思考的舒適區、跳出框限，讓學員感受到自己的創意潛能。

我沒上過這些課程，也未深究背後理論，當然不知道成效。然而，我知道另一種訓練創意思考的方法，一定有效，而且過程有趣、費用全免！那就是到圖書館借書看，因為閱讀是一種再創作過程。

為讀者留下寬闊的想像空間

有句著名的西諺「一千個讀者就有一千個哈姆雷特」,《哈姆雷特》是莎士比亞「四大悲劇」之一,也許你並不熟悉。如果把這句話改為「一千個讀者就有一千套降龍十八掌」,應該比較容易理解。

「降龍十八掌」是金庸筆下的絕世武功,大家縱然沒讀過小說,至少在電影、劇集、動漫、電玩裡見識過一招半式。其實在原著裡,十八掌如何打,包括馬步、架勢、身法、手法、運勁等,作者著墨不多。有人說,金庸不懂武功,落筆只能避重就輕。這說法是否真確,不得而知。不過,有一點可以肯定,這樣的寫法能為讀者留下寬闊的想像空間。透過文字,每個讀者的腦海總有一套最獨特的、最精彩的「降龍十八掌」。有別於影視動漫的武打場面,武術指導、特效技師、畫師等人設計花樣百出的武功招式,不管構思如何新穎,這些影像會限制你的想像,結果是一看驚喜,再看沒新意,提不起興趣看第三次。

文字帶來的效果恰恰相反。

腦海中的好戲，齣齣精彩

　　每個讀者都是出色的武術指導、膽大妄為的創意大師，設計「降龍十八掌」時，無須考慮鏡頭調度、場地限制、演員能力、製作經費等因素，可以天馬行空，不著邊際的自由發揮。而且好書不厭百回看，每次重讀，每次的再創作總有突破和更新，永遠鮮活，趣味無窮。不僅動作場面可以重構，角色人物的外形面貌、情感流露、言行舉止、衣飾打扮等，讀者能以文字為基礎，各自在腦海中來一齣個人化的演出。不管你的郭靖大俠豪邁一些，他的黃蓉女俠嬌俏一些，我的「北丐」洪七公饞嘴一些，在各人心中都是最完美的，甚至透過小說情節在讀者腦海中「演出」取得靈感，自由續寫、改寫，不必擔心版權問題。

　　作品沒變，讀者隨著年齡增長、閱歷加深，重讀時的體會也有改變。以下是一位《三國演義》讀者的經驗：「二十歲看三國，覺得曹操最厲害；四十歲最佩服的是司馬懿；而六十歲覺得劉備才是三國中最厲害的人物。」體會不同，再創作的內容自有分別。

作者創作＋讀者再創作

　　總之，閱讀時的再創作就是創意思考的訓練，多閱讀，多訓練，廣泛閱讀，思考多元，腦筋自然靈活。

德國文藝學教授堯斯曾經提出「接受美學」理論。他認為,一件作品在讀者閱讀之前,即使已經印成書了,還只是「半成品」而已。

進一步說,創作與閱讀的關係,套用「接受美學」的理論,我們可以得出這則公式:

作者創作＋讀者再創作＝完成一次接受活動

從一個宏觀的角度,「接受活動」是開放式的,一次「接受」的完成也是另一次「接受」的起點,這樣,作品的生命就得以延續。

看書,永恆經典作品的造就,原來有你參與。

從一個宏觀的角度，「接受活動」是開放式的，一次「接受」的完成也是另一次「接受」的起點，這樣，作品的生命就得以延續。

看書，永恆經典作品的造就，原來有你參與。

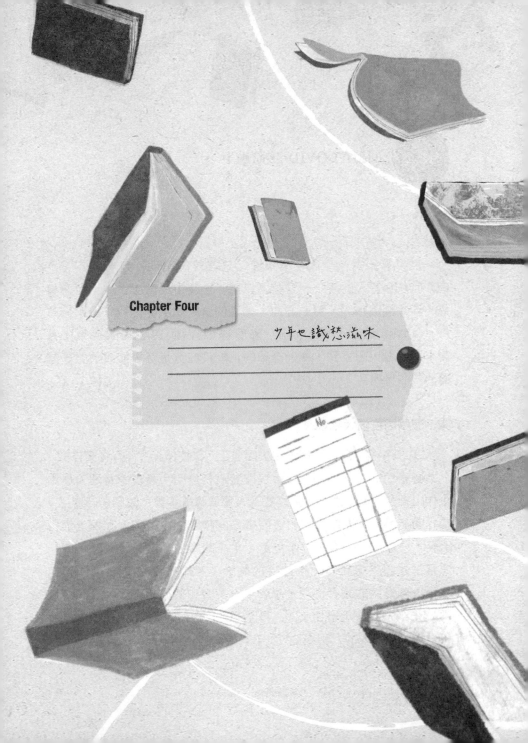

Chapter Four

少年也識愁滋味

 閱讀在COVID-19陰霾下

世事無絕對，「危」與「機」是錢幣的兩面。足有三年了，COVID-19 害人匪淺，一旦社區爆發，危及市民健康，弄至百業蕭條，人人談虎色變。另一方面，美國的圖書館業界卻以「分水嶺時機」（Watershed Moment）來形容 COVID-19 為圖書館電子書帶來的影響，想不到，禍延全球的世紀疫症竟是圖書館發展電子閱讀的一個機遇。

電子閱讀因疫情大幅成長

2020 年初，當新冠病毒在美國蔓延，學校停課，各行各業停擺，公共圖書館面臨長期閉館，市民即將借書無門，圖書館管理人員馬上作出變通，重新調撥營運經費，大量增購電子書、數碼影音產品、多媒體產品，把閱讀服務由實體書借閱轉變為電子資源和線上虛擬服務。一年過去，效果立竿見影，電子閱讀大幅飆漲。根據美國一家電子閱讀供應商 OverDrive 的統計，2020 全年各地公共圖書館及學校圖書館的讀者借閱電子書、有聲書和數碼化期刊共 430（百萬）項，較 2019 年增加 33%，及至 2021 年借閱數字攀升為 506（百萬）項，這驚人的升幅在 2019 年以前沒人料到。

　　這個圖書館實體服務停頓、電子閱讀逆勢上升的情況，並非西方社會獨有，在華文社會的臺灣、香港亦出現類近的數據，參閱兩地公共圖書館的年報，臺灣在 2021 年的電子書借閱為 806 萬項，較 2020 年的 443 萬項增加超過兩倍；而香港的數字分別為 105 萬項及 30 萬項，增加三點四倍。

　　可見，COVID-19 帶來社會民生的轉變，除了大家有切身經驗的居家辦公、遠距授課、線上購物、外送服務等，其實還有電子閱讀。

電子閱讀帶來的便利與好處

　　閱讀是一種習慣，年輕一輩習慣閱讀手機屏幕，對電子閱讀並不抗拒，問題在於他們下載的是什麼？文字、影音抑或動漫？至於成年人的阻力，是眷念「手不釋卷」的質感與書香，可以選擇的話，他們寧願看實體書；可是，當圖書館閉館，書店休業，看書最方便的選擇就是電了閱讀，從而慢慢領會到電子書的好處如環保、方便攜帶、不佔用櫃架、不受時間地點限制、沒潮濕發黃蟲蛀等毛病，閱讀時還可配合不同的編輯功能，包括重排版面，調整字體種類、大小、行距，加入書籤、標記、筆記，檢索字詞，若採用特定的閱讀器，更可體驗「電子墨水」的不反光、不傷神的優點。雖欠逐頁掀書的質感、沒汗牛充棟的「雅量」，但以上的種種「用家方便」（userfriendly），慣用了，電子閱讀就難以抗拒，足以改變成年

人的閱讀習慣，2021 年臺灣的公共圖書館電子書借閱 Top 10 可作佐證：

1	原子習慣：細微改變帶來巨大成就的實證法則
2	神奇柑仔店
3	被討厭的勇氣
4	窮查理的普通常識： 巴菲特 50 年智慧合夥人查理‧蒙格的人生哲學
5	莫斯科紳士
6	致富心態：關於財富、貪婪與幸福的 20 堂理財課
7	刻意練習：原創者全面解析，比天賦更關鍵的學習法
8	人類大歷史：從野獸到扮演上帝
9	漫步華爾街：超級股市漲跌的成功投資策略
10	子彈思考整理術

除了童書《神奇柑仔店》，其餘九本都是成年人讀物，種類多元，涵蓋哲學、社會科學、小說、理財、史地、管理等主題學科。在 COVID-19 陰霾的歲月裡，社會的焦點集中於疫苗、篩檢、PCR、隔離，誰會留意到人們的閱讀習慣正默默起了變化？

世事無絕對，「危」與「機」是錢幣的
兩面。

看書可以治病？

　　人生不如意者十常八九，誰沒憂愁與煩惱呢？而且不限年齡、性別、社會階層。

　　傳統觀念經常誤以為：小孩快活悠哉，天生無憂無慮。所謂憂慮，是人長大了才會出現的情緒問題。文人筆下的「少年不識愁滋味」，以今日眼光看來，恐怕是對小孩不了解，或無心去了解小孩的感受吧。也因此，傳統家長通常不是子女遇到情緒困擾時，最佳的傾訴對象。即使現在孩子生得少，情況大概也如此。

　　那麼，愁腸百結的少年人可以找誰呢？

　　找精神科醫師、諮商心理師嗎？若是紓解日常的愁悶，似乎誇張了一點。

　　找朋輩或同學嗎？不錯，只是聆聽了你的訴苦，同樣青澀的他卻沒能力幫忙解憂，更糟的是，他若受到你的負面情緒影響，說不定就一同坐困愁城了。

　　憂愁的你，苦無出路，可曾想過，出路之一便是圖書館？

書目療法，有效緩解心病

　　臺灣從南到北，各大圖書館幾乎都設立了專區，幫助大家解惑、消愁。例如，高雄市立圖書館的「書目療法專區」、臺中市立國書館的「閱讀解憂書房」、桃園市立圖書館的「心靈小舖專區」、臺南市立圖書館的「療癒書坊」、花蓮縣文化局圖書館的「療癒繪本專區」、雲林縣六斗圖書館的「書目療法專區」等等。

　　不同縣市的圖書館設立這些專區，理念源自圖書館學一門新穎的學科「書目療法」（Bibliotherapy）。歐美的圖書館在二十世紀中葉陸續推出服務，臺灣起步較晚，2006 年才開始發展。

　　書目療法有助「心病」，幫助那些受情緒困擾、心靈困頓的人，透過閱讀，心弦被觸動，或是受到撫慰，進而宣洩負面情緒，得到體悟與啟發。分析這類療法，主要有三個階段：

①**認同：**讀者將角色的境遇連結自身的困境，感同身受，產生共鳴。

②**淨化：**讀者的情緒隨故事情節的起伏而出現轉變，與角色一同走出低谷、度過困難，進而釋放積壓的負面情緒，內心恢復平靜。

③**領悟：**讀者的心情恢復平靜後，思想清明，獲得觀察學習的效果，藉角色的經歷，省思自身。

從失落中站起來

光看理論，不容易明白，且舉兩個例子。

《獾的禮物》的角色全是擬人化的動物，年邁的獾將不久人世，叮嚀好友和晚輩不要為自己的死亡難過。縱有心理準備，獾過世後，大家都帶著哀傷的心情度過冬天。當春天再臨，動物聚首一堂，互相分享獾傳授的生活智慧，感覺獾仍活在大家心中。敘事簡潔流暢，明示和暗示雙軌並行，一方面表達面對所愛的長輩離世，個人該如何撫平內心傷痛，另一方面暗示長輩的智慧傳承下來，生命終結亦沒遺憾。

《想念，卻不想見的人》包含四十一篇散文，書寫失戀女生的心情與日常生活片段，適合處於情傷初期的失戀女讀者，從書中找

到傾聽、支持與同理，進而達到紓緩負面情緒的淨化作用，從情傷的失落之中站起來。

當然，帶來憂愁與煩惱的前因不止死亡、失戀，還有種種困難與失意，令人感到孤獨、脆弱、無助，甚至失去希望，若找不到其他人傾訴、支持或倚靠，主題眾多、素材多元、類型多樣的書目療法服務會是一條出路。

看書可以治病，不過，如果你患上傷風感冒、發燒發炎等醫療層面的疾病，就要到醫院、診所求醫，可別往圖書館，至少別傳染其他讀者喔。

 三無與四不

何謂「三無讀者」？

　　青少年是群「三無」讀者，耐性、時間、經驗皆無。

　　作者若不放下身段，花點花思，寫一些適合他們閱讀的作品，硬要挑戰他們的耐性，硬要他們體會成年人的經驗，結果，他們的時間只會轉移到上網、看戲、聽歌、逛街、打球、打電玩等更有趣、更富動感的玩意之上，離開閱讀越來越遠。

　　我有自知之明，我的小說不屬於嚴肅文學作品，但我知道所幹的是什麼，尤其當同學跟我說「我只看你的書」，或者「我第一本看得完的小說就是你寫的」，彷彿感到肩上有點壓力。

　　一個很現實的問題，大家都希望學生善用光陰，閱讀「一流作品」；可是，若沒我筆下這類「二流作品」作為橋樑，有多少年輕人有能力越級而上，一步登天呢？

面對三無讀者的四不法則

所以，為了應付這群「三無」讀者，我在寫作方法上，需要「四不」：

（一）不沉悶。尤其開段，絕不能沉悶。青少年在快餐文化裡成長，習慣節奏明快的事物，細水長流顯然不是他們「那杯茶」。精彩的開段是吸引讀者的不二法門。金庸的武俠小說總先來一場比武、追殺、報仇或爭奪寶物之類，打得燦爛，招招刺激，令讀者欲罷不能。除了打鬥，懸念同樣萬試萬靈，赤川次郎、東野圭吾的推理小說，開段不離一宗離奇命案，你要知道誰是兇手？兇手如何殺人？便要追看下去，一頁都不能遺漏。

（二）不交代太多。小說作者是說故事，不是撰寫歷史課本，不必鉅細無遺的交代事件的來龍去脈。一段輕鬆的對話、一個神秘的微笑、一張發黃的照片、一輛先進的汽車，縱然沒頭沒尾，都可鋪陳山曲折的故事。青少年腦筋靈活，作者不應把他們看得太笨，雖然確有些「牛皮燈籠」[*]，但數目畢竟不多，故小說不宜寫得太多、太白，應藏則藏，應露則露，不必要的贅述，只會削弱小說的節奏。間中，有讀者給我電郵，說某段看不懂，請我加以解釋。我的回覆一概是「不懂再看，要慢慢看」。笨不是死症，可以改善。

---

[*] 牛皮燈籠：形容一個人不明事理，不開竅

　　（三）**不說教。成年人寫東西給青少年看，總難放下那種教導後輩的情意結。**這是人之常情。最理想的情況，當然是教的開心，受教的快樂，可惜，現實與理想恰恰是兩碼子的事。青少年的脾性大都傾向反叛權威，愛抬槓，你說要往東嗎？他們偏向西走，而且越說越走。另一方面，成年人向青少年說話，往往過於心急，希望對方儘快聽從，因而忽略了聆聽。與青少年溝通，第一要訣是聆聽，希望對方聽你說，你先要聽對方說。聆聽是建立互信的第一步，雙方有了互信，那就好說話了。至於文字這種單向溝通，作者更要注意自己的態度，若板起臉孔、老氣橫秋地教訓青少年要如何如何、不能怎樣怎樣，所說的縱是至理明言，青少年聽得進多少？又是一個實際問題。文學作品能成功感染讀者，並非單憑教訓和硬銷，而是潛移默化。同學們給我電郵，說他們看了我的小說《Q版特工》後，有人決志信耶穌，有人努力讀書，有人不再偷竊，有人不再說謊，有人不再忤逆父母等等。在小說裡，我從沒向讀者作出類似的「教訓」，主角常常犯錯，也不是一個信耶穌的人；然而，同學們通過閱讀，不知不覺間，與主角、與我建立了互信，體會到我和主角希望跟什麼人交朋友，他們便朝著這個方向走。這就是小說的感染力了。

　　（四）**不遷就讀者。出版是一門生意，書是一種商品，書的暢銷與否，直接影響出版社的業績。**作者可以勒緊褲帶講理想、追求更高的藝術境界，但出版社的職員還要吃飯、住房，你不能責怪他

們向市場妥協。所以，作者的處境變得越來越被動，創作空間漸被市場喜好吞噬。儘管如此，作者活在商品市場和文學藝術的夾縫之間，仍應有個人的底線，不能完全被市場牽著鼻子走。出版社認為青少年最喜歡校園故事，在我的小說裡，卻甚少校園場景，我反而走向世界，把讀者的目光拓闊至北韓核彈、以巴衝突、反恐戰爭、中日爭拗、環境保護、毒品禍害等更大的課題。少年十五二十時，愛看浪漫溫馨的愛情故事，我筆下的愛情卻不浪漫、溫馨，我為讀者展示戀愛的另一個真實面貌，戀人會冷戰、吵嘴、經歷生離死別。我不是那種讀者想看什麼便寫什麼的作者，我希望，讀的和寫的不局限於某種小說主題、形式、內容。這樣，大家才會一同成長、進步。

透過適合青少年的文字與他們做朋友吧

人的成長，經歷兒童、青少年、成年等階段。為配合各成長歷程的閱讀需要，兒童、青少年都應有適合他們的讀物。作為一個青少年小說作者，我常問自己，當青少年讀者闔上我的作品之後，他們會得到什麼？

幾個鐘頭的脫離現實？一份沉重的感覺？笑一場？哭一場？還是大罵我一頓？相信，每一種可能都有。

小說寫完了，便不屬於作者，是好是壞，交給讀者評鑑。讀者從書中得著多或少，都不由我控制。我一把年紀，能夠藉著小說與青少年讀者交朋結友，實在是無憾呢！

 放長假，一起去書海探險！

　　每當長假期（例如春假、暑假、寒假）過後，老師和家長少不免擔心，孩子長時間沒上學，天天玩耍，變得懶散，新學期跟不上學習進度。這種擔心本來不是過慮，美國學者 Cooper 一直關注學生的「暑期學力流失」（Summer Learning Loss）現象。

閱讀：搶救學力的武器

　　據 Cooper 的研究發現，對比放暑假前，學生在新學期初，「學力」至少減退一個月，語文是其中一個退化最嚴重的科目。盡責的師長當然不會坐視不管，傳統的解決方法，是安排孩子上假期補習班、做假期習作等，至少讓孩子在沒上課的日子保持學習狀態。

　　其實，從圖書館學角度來看，閱讀是對抗「暑期學力流失」最有效的工具。閱讀，比上補習班、做習作輕鬆，而且到圖書館借書

看，不費分毫。若沒試過，你不妨以誠意說服師長，以閱讀度過長假期，看看效果如何。

優游在小說的世界

既然語文是暑期學力流失的「重災區」，圖書館的語言文學類書架便是你的頭號目標。根據最新的全國公共圖書館借閱排行，小說最受歡迎，其中以推理與懸疑小說、武俠小說最為「吸睛」。悠長假期，空閒時間多的是，不妨讀個長篇，文字稍深，就當作挑戰。金庸、黃易、鄭丰等作家的作品長期稱霸借閱榜 Top 20，持續引發閱讀熱力；東野圭吾、湊佳苗、泰絲‧格里森等的推理小說，各具特色，啟發讀者一起動腦筋；傳統小說當然不可或缺，看不慣文言文？《少年讀西遊記》系列以新穎手法，重塑經典，發掘多元價值。

不過，若與家人外遊，大家瀏覽名勝風景、品嚐道地美食，你卻坐在一旁啃長篇小說，不免顯得格格不入。在旅途中，適合讀短篇小說、散文，趁著一些空檔，如候車時，看書打發時間，一掃等候時的枯燥無奈。特別一提，吉田修一的短篇小說集《天空的冒險》和《那片藍天下》，篇幅構思挺特別，最適合在飛機滑行跑道準備起飛時閱讀，那段時間，航班的娛樂頻道尚未開啟、手機暫時關掉，閱讀一、兩個短篇倒也不錯，當然亦適用於火車、輪船。

帶著書本去旅行

旅遊的話，地景文學作品就不容錯過，例如，蔣勳《少年台灣》書寫臺灣不同角落的獨特故事；林煥彰《台灣·我的血點》以詩歌抒發北部和蘭陽地區的鄉土情懷；路寒袖編《台中文學地圖》、須文蔚編《街角遇見王禎和：花蓮文學行旅》等，一冊在手，讓作家伴你邊走邊讀，度過一個文青式假期；《少年讀台灣》系列，認識歷史、地理與生態，出發前來一趟紙上環島旅行，實地造訪時互相印證，體會更深。

若目的地在國外，地景文學作品也不難找，以臺灣人的熱門旅遊地點東京為例，攜一本新海誠《言葉之庭》走進新宿御苑，在涼亭下慢讀，或者是石田衣良《池袋西口公園》，走出 JR 山手線池袋站，比對周遭的景物，現場實景的體悟小說世界，感覺跟純粹的白紙黑字不盡相同。

總之，你若抗拒假期補習、厭倦假期習作，可嘗試以閱讀代替，既有效對抗「學力流失」，又培養閱讀興趣，何樂而不為呢？

從圖書館學角度來看，閱讀是對抗「暑期學力流失」最有效的工具。閱讀，比上補習班、做習作輕鬆，而且到圖書館借書看，不費分毫。若沒試過，你不妨以誠意說服師長，以閱讀度過長假期，看看效果如何。

 **打卡之後**

在網上讀到一篇貼文〈超人氣十大打卡圖書館〉，排首位的是臺北市立圖書館北投分館，不禁點頭同意，數年前我曾到此一遊，北投分館的建築外觀別樹一幟，像一艘停放樹林中的大木船，令人歎為觀止。貼文再讀下去發現，曾幾何時我的手機裡也儲存某些「十大打卡圖書館」的照片。例如，把一片樹海融入閱讀空間的高雄市立圖書館、讓電視劇裡的風塵女子增添濃濃書卷味的國家圖書館，建築設計都各具特色。

然而，去圖書館只為「打卡」嗎？的確大有人在。

入寶山，不空手回

我常去的國立公共資訊圖書館（以下簡稱國資圖），也名列「十大」。常見「打卡」的遊人站在門前的金屬藝術品「讀樂、無限、

大未來」旁邊，以流線形的白色建築物作背景，擺著不同的姿勢。拍攝一番後，他們仍留在館外的地景庭園繼續「打卡」，始終沒進入館內。過門而不入，如入寶山空手回，實在可惜。

　　第一次到這裡感覺很驚艷，我也拿手機在門前自拍。不過往後的日子，我總是直接走進大門，上二樓去，使用國資圖的數位資源。

　　在多媒體視聽中心，安坐舒適的座椅上，不管看電影或聽音樂都非常享受。有時，我會想起在外面「打卡」的那些人，他們正受圖書館的外在美吸引，由此聯想到「交友之道」。交朋友如果一開始受外表吸引，時間一久，倘若體會不到對方的內在美，或者對方根本沒內在美，徒覺語言乏味、虛有其表，就難以繼續交往。所以只為了「打卡」而來的，驚艷過後，有沒有動力再來第二趟？

　　國資圖吸引我，除了豐富的影音資料，還有不同的藝文展覽和活動，每次離開前，我通常會繞到展覽區看看，若有更新的展板，便多留半小時細心觀賞。我特別留意每年夏天國資圖與球隊合辦的活動「閱讀全壘打」，代言球星真人大小的紙板人豎立在展櫃旁邊，遠遠就看見，十分醒目。展櫃內放著球星簽名的紀念品如帽子、杯子、球衣、球棒等，以及推介書籍，成功結合閱讀、棒球、籃球，把靜態的閱讀與動態的球賽融入讀者的生活當中。

享受圖書館的豐富內在

人沒有完美的，內外兼美的朋友應該不太多吧。圖書館亦一樣，國資圖的規模，全市獨一無二，一般分館多半設在尋常街巷，毫不起眼。像我更常去的鄉鎮分館，位於一幢四層高的公務大樓地下，大樓的建築外觀平平無奇，進門是一條窄長的走廊，走廊左側是成人圖書館，右側是兒童圖書館，盡頭的樓梯通往與圖書館無關的辦公室。成人圖書館的館藏不多，童書和少兒讀物卻出乎意料的豐富！我來這裡還書，兼借取從他館調過來的預約書，取書後喜歡到兒童圖書館坐一會兒，找幾冊經典繪本重溫一下。

每天下課後，這裡特別熱鬧，木地板台階前堆滿鞋子，赤腳的、穿襪子的學生在書架間來來回回，高高的搬出一疊圖書，放在桌子上，逐一翻看，挑出合意的，借回家慢慢閱讀。

古人說得好：「藏書不難，能看為難。」圖書館的價值在於館藏，並不在於值不值得「打卡」。因此，除了觀賞建築物的外在美，「打卡」後還得進館看看書、親自試試館方提供的服務，體會其中的內在美，才不枉此行。

古人說得好：「藏書不難，能看為難。」圖書館的價值在於館藏，並不在於值不值得「打卡」。因此，除了觀賞建築物的外在美，「打卡」後還得進館看看書、親自試試館方提供的服務，體會其中的內在美，才不枉此行。

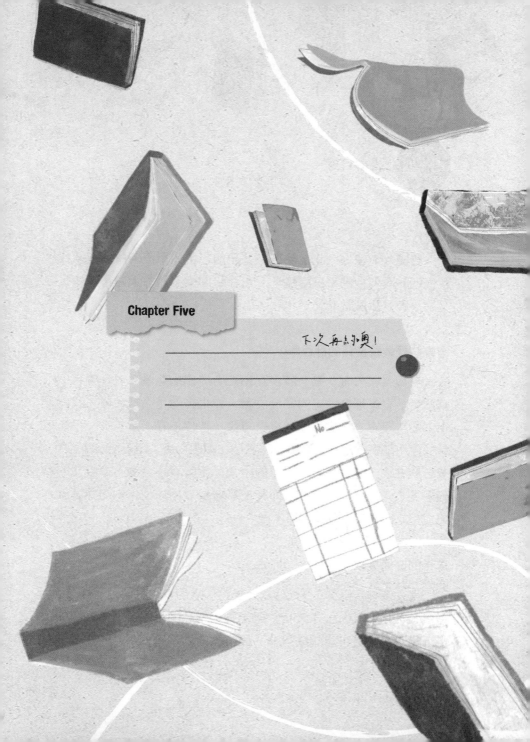

Chapter Five

下次再点外卖！

書車自述

哈囉，大家好，我是書車，書架的小弟，單面三層木板組成，配備四隻具彈性的聚氨酯輪子。我在這間圖書館每天跑得又快又靜又勤，職員都很器重我。

圖書館裡裝載書籍的計程車

我與書架大哥一動一靜，互相配合，協助館長，處理圖書，服務讀者。書架都有固定的安放位置，如果書架是高樓大廈，我就是街上的計程車，到處移動，沒差事時，便停泊在一旁候命。不過，選擇停車地點倒是一門學問，既要停在顯眼之處，卻不能阻塞通道。我若躲在少人經過、沒人注意的暗角，讀者看不見我，把看完的書隨處擺放，這樣，職員沒法即時把書收集放回原位，別的讀者就不能在指定的書架位置找到那本書。

車書的交通事故

雖然我刻苦耐勞，每天默默地負荷沉重的書本在館內穿梭來回，但職員要用得其所，才讓我發揮所長，不然的話，非但減低我的效能，嚴重的，還可能釀成意外。較常見的不恰當使用是「超載」，

貪懶的職員為了減省來回的次數，在書車上堆放過多的圖書，有些甚至在「僭建層」上再疊一層，超過擋板的高度，推動時上重下輕，重心不易掌握。最常出意外的「交通黑點」是進出升降機的高低位，以及拐進書架巷弄的九十度彎角，一個不留神，就會翻車。所以，館長總是不厭其詳地提醒職員注意操作書車的安全。

另一種較罕見的「超載」由貪玩的小孩引致，他們把我當作遊樂場的木馬，須知書車的設計是載書，不是載人，攀上來不僅坐不舒服，更易人仰車翻。書車不管摔得多重，都不會喊痛；人則不然，會撞瘀，會流血，會骨折。因此，我極不喜歡小朋友攀我、騎我。可是，我偏偏在兒童圖書館裡當值，館長為了增添閱讀氣氛，特別為我髹上大自然的青綠色，還找畫師在我的側板繪畫一頭看書的長頸鹿，小朋友都喜歡我，儘管想騎我的只是極少數，但摸我、敲我的人很多，更有人牽我自拍，好煩擾呢！

請你記著，我不是木馬，也不是打卡景點，我是一台圖書館的書車。

配備智能設備，書車也隨之進化

隨著社會的進步，現代化的圖書館引入物流網的機械人、自動化生產線和人工智慧等技術，逐步開發智慧書車系統，改善操作傳統書車的耗時耗力。

　　工程人員把傳統書車變身作智慧書車，在層板、車底配置紅外線發射與接收器、鏡頭、標籤讀取器、行動電源等硬體，非常酷喔！

　　實際操作挺輕鬆，職員如常把已掃描條碼的歸還書籍放進書車時，多了一個工序，在手機型的操作介面按下「放書」鍵，讓系統登錄那本書的書架位置。書車放滿，可以把書回架，職員在介面點選「規畫路徑」鍵，系統自會計算出一條最便捷的路徑，藉著沿路地板設置的 RFID 標籤，當到達所屬書架，介面會提示職員把書上架。據測試和統計，智慧系統較傳統運作快捷，每本書回架平均省時 33%。

　　未來的設計朝著書車自走功能、機械手臂的方向研究，說不定將來的書車會是一台變形金剛呢！

請你記著，我不是木馬，也不是打卡景點，我是一台圖書館的書車。

 換書桌

　　古文大家歐陽修的閱讀位置很有趣，坐在椅上讀經史，臥在床上讀小說，坐在馬桶上閱詩詞。在家中的私人空間，你愛在哪裡看書都可以。但在圖書館這類公共空間，沒床鋪提供，也不鼓勵讀者把書帶進廁所裡看，最普遍的看書位置就是書桌。

　　從前我當圖書館長時，換書桌是我其中一項喜歡的工作，通常安排師傅在休館日送貨和裝嵌，翌日開館煥然一新，讀者的驚喜眼神，難以忘懷。

圖書館書桌的挑選原則

　　現場工作在一天內完成，事前的籌劃卻要忙上許多個工作天。如果換上由你當小館長，為圖書館添購新書桌，你會如何籌劃？書

桌的尺寸、款式、位置、顏色、材質,好,我們一步一步來。首先,跟你在傢俬店挑選房間裡的個人書桌完全是兩碼子的事,切忌混為一談。高矮肥瘦人人不同,你只能參考一般亞洲成年男人的肩寬42-47cm,而一本攤開的書另加一頁A4紙,寬度為45-65cm,如果把筆電放在中央,紙頁和書本放在兩旁,桌面的寬度至少要120cm。按個人來說,桌面的使用空間越大越好,但圖書館的書桌是多人共用,個人的空間增多,整體的座位相對減少,平衡點在哪裡?下訂單前你先要衡量。

款式方面,傳統的長方書桌廣為大眾接受,放在兒童圖書館的,圓桌不作他想,一來方便親子共讀、家長伴讀,二來沒方角、稜角,小孩不慎撞過去,傷勢亦大大減輕。斜面桌方便閱報,最受長者歡迎,但不利書寫和置物,學生最不喜愛,放的位置要小心選擇。

在書架區設置書桌,目的是方便讀者在瀏覽或找到書後,就近利用桌面略讀或抄寫,書架區的空間有限,書桌宜小不宜大。

光線對書桌安排的影響

至於靠窗位置,由於光線充足,又有室外景觀,頗受歡迎。不過,東西朝向的窗戶早晚會有日光直射的困擾,窗外若有表面明亮的物體如牆面、地坪,引致的反光或眩光會影響眼睛在閱讀時的舒適感,使用筆電的話,明亮的窗外導致屏幕黯淡,不自覺的提高屏

幕光度和黑白對比，長時間會傷害眼睛。這些都是在窗前設置書桌的環境考慮，給你三秒鐘，想想如何解決？

　　三……二……一……

　　在桌前加裝窗簾、在窗外加添植栽會有幫助。同樣是關乎光暗，桌面顏色的亮度需要考慮。相對於書本紙頁的明度和筆電屏幕的光度，如果桌面的亮度稍暗、稍低，對長時間閱書或觀看屏幕時視力的維護會有幫助。紐西蘭的圖書館多採用顏色較深的桌面，理由是讓讀者的眼睛較為舒服。在臺灣，沿襲自小學以來教室桌面的形態，木皮黃、深褐色桌面在圖書館最為常見，如果你對桌面顏色沒特別意見，無妨蕭規曹隨。

防火、耐磨、易清潔、美觀都須考慮在內

　　最後是材質，不論書桌的構材是金屬或木料，桌面多以木質為主，質感厚實，色澤自然，貼上「美耐板」可增添美觀、耐磨和容易清潔。用於公眾場所，材質防火耐熱至為重要，你或會問如何知道書桌防火不防火？難道砍一塊當柴試燒嗎？當然不用，只須在購買條件訂明，產品必須擁有防火測試的及格證明，供應商未能提供，就不作考慮。

　　全都想好了，這就去購買？當然不能像你在傢俬店選購書桌那

麼簡單便捷。因是公務採購，需要符合會計規範和採購程序，如申請經費、財務安排、勞務安排、公開招標抑或獨家代理、審計查核等，符合一大堆法令規條，書桌的產品目錄一頁未翻，已有幾吋厚的文件來來回回，過程緩慢而煩雜。不說了，再說下去，或會削減你當小館長的興趣。

 **到期單**

　　如果你曾在圖書館借書，應該會發現，翻開書的最後一頁，有一張到期單（Due Date Slip）。你可以拿著金屬製的日期印，「喀嚓」一聲，把還書日期蓋在到期單上，提醒自己，準時還書。

新舊交替

　　然而，現代的圖書館鼓勵大家使用「自助借書機」，拿手機Library App 和圖書封底的條碼各掃描一次，再在屏幕上觸按，即可完成借書。到期前幾天，電腦系統自動發出手機簡訊或電郵提醒你。「在到期單上蓋印」的程序，逐漸消失在圖書館自動化的發展洪流中。

　　圖書館自動化（Library Automation），顧名思義，自動化

是運用電腦科技，以機械設備代替人力。最初集中在內部的採購、編目、行政、數碼化等工作，時至今日，連外部的借書、還書、續借、預約等流程，讀者都可以「自己動手」。

不過，到期單仍然存在，這顯示我們正處於一個新舊交替的年代：有人使用自助借書機，讓系統發送到期通知；有人仍然習慣在書後的到期單上蓋印，各適其適。

到期單，另有妙用

除了提醒讀者到期還書，到期單在內部還另有用途。你或許不知道，在自助借書機廣泛應用前，到期單是職員檢視圖書流通狀況的參考指標。過程有點像福爾摩斯推理，職員根據還書日期，推算書相隔多久才再被借閱，或者最後一次借閱在何年何月。如果兩者都超過兩、三年，代表這本書不受讀者歡迎。當書架太擁擠時，這些流通量較少的書可考慮下架，搬往備用書庫存放。

至於另一個搭配的檢視指標是：觀察書脊頂端的破損程度，過程更加像福爾摩斯蒐證。一般讀者取書時，往往習慣先用指頭把書勾離書列，再整本書拿起，被勾的位置十不離九都是書脊頂端。勾得多，破得快，破口呈半月形，不斷向下凹陷，恰成一個指頭弧度。倘若職員發現：書脊破爛嚴重、到期單上的蓋印密密麻麻，便把書

名記下，通知館長儘速補購。相反，書脊完好無缺的舊書，到期單
又保持清白，明顯是長期留在架上，乏人問津，當然也是搬往備用
書庫的首選。

自動化的指標

隨著自助借書日趨普及，到期單的作用大減，變得可有可無，
這令我想起三國時代曹操吃雞肋。他對雞肋的評價是「食之無味，
棄之可惜」，正反映與敵軍對峙的膠著局面，進攻不能取勝，撤退
又覺丟臉，有感而發，便把軍營的夜間口令訂為「雞肋」。楊修看
穿曹操的心事，認為戰爭不會有結果，於是通知大家收拾行李。儘
管曹操以「造謠」為罪把楊修殺掉，最終還是撤退了事。

不知到期單這片「雞肋」在圖書館何時「撤退」？有一天當你
察覺圖書末頁不再貼上到期單，或許代表：圖書館已經完全自動化
了。

不知到期單這片「雞肋」在圖書館何時
「撤退」？有一天當你察覺圖書末頁不
再貼上到期單，或許代表：圖書館已經
完全自動化了。

流水作業

```
採購
　↓
編目
　↓
裝訂
　↓
```

歸還	→	上架	←	置於書車
↑		↓		↑
外借	←	檢索 / 瀏覽	→	館內閱讀

　　這幅簡圖可解釋圖書館的作業流程，尤其不對外開放的採編組，讀者完全不知道他們的運作情況，似乎有點神秘。圖書的採購、編目、裝訂是採編組三大工作範疇，當中涉及巨額合約，帳目必須清晰透明，一點也不能神秘。我每次到採編組去幫忙選購新書，感覺都一樣，那兒像一間工廠。大家可以想像一下，工廠必有一條長長

的輸送帶貫通各個組別，把產品由上游送到下游，途中，你嵌一塊晶片，我鑽一口螺絲，他裝一層外殼，分工精細，互相配合完成產品。在圖書館採編組的工作間，雖沒輸送帶，但一輛輛的書車組成無形的輸送帶，每位同事的工作枱旁邊總停泊一、兩輛書車，車上放著新書，你貼條碼，我加索書號，他寫分館編號，完成後，便把整車書推給「下游」的同事跟進。總之，書從出版商送抵採編組「加工」後再運至分館，在進入工作流程期間，都置於書車之上。在圖書館裡，書車是不可或缺的工具，它的用途除了運輸，還方便估算，因為一格書車的空間就等同書架的一格，這樣，職員一看書車就了解手邊的「產品」的上架狀況。

圖書館的運作如同一個社會的縮影

圖書館的內部運作，宛如社會的縮影，成員各守本分，分工合作，每個人都像一口小螺絲，看似微不足道，加起來，就完成大工程、大項目，努力不會白費。

無心之過與有心破壞對圖書館運作的影響

社會不可能完全封閉，總有一些無可避免的外來衝擊，例如疫症、戰爭，疫症不分疆界，戰爭破壞疆界，都影響社會的正常運作。圖書館亦相似，整個內部的流水作業若沒外人參與，管理妥善的話，偶有出錯，亦能根據流程紀錄追查，例如書本送錯分館、放錯位置、

貼錯條碼等，總有機制修正。然而，圖書館的服務對象全是外部的市民，外來衝擊無可避免，最明顯的「破口」是讀者把在館內閱讀的書放回不對的書架，書海茫茫，下一個讀者便沒法找到那本放錯位置的書。當然，館方已有應付策略，定時安排職員「讀架」，把不對號的書抽出來，放回原位，以及在當眼處擺設書車，請讀者把書置於車上，跟歸還的外借書一樣，都由職員上架。不過，這些措施只適用於無心之失，對有心破壞就起不了大作用。在我二十多年的館長經歷中，見過三種破壞分子：

第一，因自己的借書額滿，把心儀的熱門書收在書架頂、沙發底、花盆後，不讓別人借走。第二，把書架 A 的書搬到書架 B，再把書架 B 的書搬到書架 C，當中更不按次序插放。第三，把幾本書借回家，撕下書上的條碼，張冠李戴。

第一種行為出於自私，第二種和第三種就動機不明，或許頭腦有問題吧。在正常社會裡，這三種人肯定不多，縱然不多，只要在圖書館裡出現一個，職員就頭痛死了！

所以，大家要作一個良好的讀者、盡責的公民，遵從館規，享用圖書館的資源，若有破壞的念頭，就早早忘掉。

圖書館的內部運作，宛如社會的縮影，
成員各守本分，分工合作，每個人都像
一口小螺絲，看似微不足道，加起來，
就完成大工程、大項目，努力不會白費。

 圖書館裡的螞蟻

電燈熄滅，大門關上，捲閘降下，最後的一個職員離去，悄靜的圖書館變得更悄靜。窗外的人行道上，路燈十年如一日的天黑放亮，明亮的燈光透過窗戶射進圖書館，照亮桌椅，照亮書架。燈光終究被高大的書架阻擋，黑暗的牆角依然黑暗。

食物在前方

在牆角一個沒人注視的小洞裡，有觸角向外微微抖動，探測洞外的溫度、濕度、氣流等各種各樣的訊息。沒多久，一則「食物」的嗅覺訊息被發現了！觸角再往外伸出，訊息確定無誤，一隻飢餓的雄性褐蟻從小洞鑽了出來。

牠的前額長有三顆紅外線單眼，能在黑暗的環境來去自如。褐蟻鎖定目標方位，以謹慎的小步穿越書架間的通道，嗅聞上方，檢

視木質書架，沒察覺危險的訊息，便開始沿著書架向上爬行，沿途遺下費洛蒙：「食物在前方」（費洛蒙是昆蟲的液態詞句，螞蟻之間用以溝通），通知同伴加入「聚餐」。

一路暢通無阻，食物的香甜氣息越來越濃，褐蟻爬到書架的第三層，書開始凌亂，經過整天的取書、放書，圖書難以整齊排列。其中一本大書平放在第二層。當褐蟻從第三層回望下方，不禁發出震驚的訊息，因為牠看見褐蟻、黑蟻、白蟻、侏儒蟻、紅火蟻等死敵相安無事的同處一個平面之上！當然，牠不明白那是一本圖書的封面，也不理解書名《螞蟻小百科》是什麼意思。

不過，牠的一時分神，竟害牠身陷險境。

預備，發射！

一隻蜘蛛吐著絲液，從天花板鬼鬼祟祟地垂降而下。蜘蛛本在屋角以 75/12 的結構造網，傍晚被清潔阿姨拿掃帚毀了，只好逃到天花板後面躲藏。現在牠看見褐蟻站在書架上發呆，機不可失，立即懸吊下去捕捉。

下降到「射程範圍」，蜘蛛瞄準褐蟻，待要發射一種具有膠質的「捕捉絲」，忽然，兩注濃度高達百分之四十的腐蝕性蟻酸從左右破空而至，差點射中蜘蛛。蜘蛛嚇得魂飛魄散，急急攀回天花板躲起來。

　　蟻酸落在圖書封面上，立即蝕出幾個破孔。褐蟻回過神來，這才發覺：兩隻兵蟻及時趕到，救了牠一命。擊退蜘蛛後，三隻褐蟻圍成三角形，把觸角連結，進行溝通，很快取得共識，組成一支「搜索隊」，準備到書架的第四層尋找食物。牠們以倒三角的隊形前進，兵蟻左右開路，雄蟻殿後，順利登上第四層，發現大大小小的巧克力餅碎，散佈於亂書之間。美食當前，牠們決定吃飽後，再把餅碎扛回蟻洞，與眾分享。

蟑螂也來了

　　三蟻正要「開動」，一隻莽撞的蟑螂驀地從書架頂跳下，狂風掃落葉似的張口啃咬，不管餅屑、木板、圖書，吞得下就吞，吞不下就吐。

　　相對於螞蟻，蟑螂是頭龐然大物，肢腿粗壯，孔武有力，動作靈活，甲殼堅硬，螞蟻的蟻酸和鐮刀狀大顎都傷牠不得。「搜索隊」的三位成員惟有避開，眼巴巴的看著蟑螂吃光餅屑、咬爛圖書。

　　蟑螂肆虐一番後，以勝利者的姿態揚長而去。三蟻失望地從書架的側板返回地面，爬過板上一塊「請勿飲食」的告示。傍晚，當清潔阿姨清除蜘蛛網時，一個饞嘴的男孩無視這張告示，閃進書架之間，一邊讀《螞蟻小百科》，一邊吃巧克力餅。如果他知道，他遺下的餅屑吸引螞蟻前來，會不會感到抱歉？

傍晚，當清潔阿姨清除蜘蛛網時，一個饞嘴的男孩無視這張告示，閃進書架之間，一邊讀《螞蟻小百科》，一邊吃巧克力餅。如果他知道，他遺下的餅屑吸引螞蟻前來，會不會感到抱歉？

 行動圖書館

　　小時候，我在鄉下長大，往鎮上的圖書館需搭公車，車程逾半小時，父母就算允許，我也沒車錢，要看圖書嗎？就要等候每月一次到訪鄉公所的行動圖書館。

　　記得，那行動圖書館由一輛密斗貨車改裝而成，車身髹上深綠色，像個巨型的威化餅罐。

　　不知怎的，它有時不來，有時遲到，有時早到，即使如期來了，處理一輪借書還書後，沒人「光顧」，便會開走，好像很趕時間。所以，村童按時跑到路口的榕樹頭「監視」，遠遠看見「威化餅罐」在車路盡頭出現，馬上奔走相告「圖書車來啦」。當圖書車駛近鄉公所的停泊處時，小孩從四方八面跑出，追在車子後面，惟恐它隨時開走似的。

　　提供服務時，車斗上方的一扇窗子打開，男職員把頭伸出來，粗聲粗氣地問：「借什麼書？快說！」

　　紅日底下，清楚看見他額上閃著汗珠，也隱約看見一台小型電風扇在窗後旋動。

　　「《西遊記》……漫畫……」我每次都這樣提出。

　　「漫畫版借光了，看文字版吧。」他每次都這樣回應，然後從窗子遞出一本又厚又多字的書，同時收掉我的借書證。

　　那時我因借不到漫畫而大失所望，許多年後才懂得慶幸，念小學時囫圇吞棗的閱讀經典名著，語文基礎就在不知不覺間打好。

　　行動圖書館的概念始自十九世紀的英國，最初以馬車運送圖書。後來，在不同的世界角落，因應地理環境各異，山區用驢子，沙漠用駱駝，河川用小艇，總之，核心概念就是以不同的載體把圖書資源帶給偏遠地方的小孩。

　　隨著時代進步，行動圖書館逐步從馬車進化到現代使用的巴士、拖車和貨車，服務項目亦從單一的兒童圖書，拓展到適合不同年齡讀者的小說、非小說、繪本、期刊、影音資料等，還有可上網和提供辦公室軟體的電腦、無障礙設施，甚至舉辦閱讀推廣活動，如說

故事。最重要的是，小孩可登車在書架上挑選圖書，無須隔山買牛似的請職員代勞。

目前臺灣的行動圖書館多由公共圖書館經營，2022 年統計，全臺共 60 輛，遍行各地，主要服務偏鄉地區的居民。

臺中市有 7 輛行動圖書車，其中停駐石岡分館的，每月一次到訪臺灣最「高」學府——位於海拔 2,012 公尺的梨山國民中小學。早上十點半出發，「書車阿北（伯）」（梨山的小朋友慣稱司機）在谷關管制站一邊吃便利店的午餐便當，一邊等待管制路段放行。那段山路常有坍方落石，屬高風險路段，只限當地居民、公務、救援使用。順利的話，行動圖書車到達目的地，已是下午二時半，千里迢迢，翻山越嶺，除非道路封閉，總是風雨無阻。山路九拐十八彎，遇上雨天，路面泥濘不堪，開車挺辛苦，尤其開一輛由 3.5 噸貨車改裝的圖書車，但當借還書時間一到，小朋友興奮地從教室衝出來，趕緊排隊選書借書，「書車阿北」自言多辛苦也是值得。

相比山區、鄉郊的小朋友，我們住在市區的人去圖書館方便多了，我們若不好好使用圖書館資源，情何以堪呢？

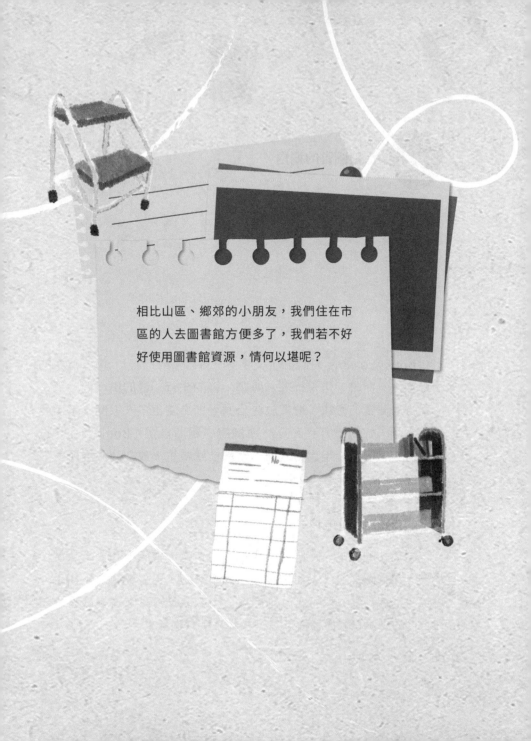

相比山區、鄉郊的小朋友，我們住在市區的人去圖書館方便多了，我們若不好好使用圖書館資源，情何以堪呢？

流浪圖書的獨白

BookCrossing 是我的英文名稱，中文譯名不一，除了常見的圖書漂流、漂書，還有行書、傳書、書的旅行、書的出沒等。這是一種推廣閱讀的方式，把書放在公共場所，讓更多人取閱。不過我喜歡自稱「流浪圖書」，有一種灑脫不羈的自在。BookCrossing 起源於上世紀六十年代的歐洲，歐洲前輩被主人放在公共場所，附上字條，無私分享給其他愛書人。

從「無用」到「有用」

我最初的小主人是個八歲男孩，他爸爸從書店把我買下來當作禮物。由於圖文並茂、插畫優美、故事有趣，男孩對我愛不釋手。可惜，他的「愛」只有三分鐘熱度，不久我被冷落在書櫃底層，壓在上面的書本和雜物越積越多，我幾乎喘不過氣來。

　　不知過了多少年月，我再次看見男孩時，他已是國中生。哇，他長高了，我差點認不出來。他已經忘記我，是為了搬家，才在書櫃掏挖一番，讓我得以重見天日。

　　「爸，這些舊書怎麼處置？」男孩瞧著我，眉頭大皺。「廢紙回收吧，就算做成衛生紙，也算是化無用為有用。」爸爸應聲回答。「不好，這些書像新的一樣，拿去漂書，自由分享，當作知識交流吧。」幸好一旁的媽媽這麼建議，我才沒變成專替人擦屁股的衛生紙，真是捏一把冷汗呢！就這樣，男孩把我放在圖書館門外的「漂書架」上，再見也沒說一聲，拍拍手便溜開。

　　然而，我可沒有半點「遭人遺棄」的感覺。瞧瞧，漂書架上不明擺著「好讀書，讀好書，讀書好」的醒目標語？可見，我與眾兄弟姊妹都是好書，咱們肩並肩的昂首肅立，等候下一位愛書人。

　　下一個，也是男孩，可惜他並不愛書，帶我回家純粹只是好玩。他拍了幾張封面照，貼上社交媒體，告知網友：「我參加漂書了喲！」然後便把我扔在一角，沒翻過半頁內文。三日後的上午，他姊姊看不過去，把我帶回圖書館的漂書架。下午，我被一個女孩取走。

　　這回我終於遇到一個真正的愛書人。

活出豐盛與美好

　　女孩坐在公園樹下認真閱讀，上網分享她的讀後感。很快的，網友開始注意：看過書的，紛紛留言交流；沒看過的，則詢問如何找到我。一夜之間，我從備受冷落變成廣受關注，真有點受寵若驚。

　　隔天，女孩帶著我去參加一個讀書會，在「好書推介」時刻，熱情的向眾人介紹。之後，我開始一段漫長而快樂的流浪旅程，在讀書會的圈子裡傳遞，到訪不同家庭，遇見不同讀者。大家都對我彬彬有禮，不亂放，不塗污，不弄皺，不摺角，讓我保持乾淨整潔。

　　讀書會傳閱完畢，老師把我裝進紙箱，跟其他書本一起，不知要送往哪兒。紙箱沒封口，擱在最頂的偵探小說不斷報告車窗外的景物，初時仍見地標式的建築，沒多久，他說來說去都是樹木，而且感覺彎道越來越多，路面越來越顛簸。顯然我們逐漸遠離熟悉的市區，狐疑之際，不知誰冒出一句驚嚇的話：「老師會不會把我們運到焚化爐、掩埋場，或者廢紙回收？」大家開始擔憂。

　　我可不想變成衛生紙啊！

　　心驚肉跳度過一小時，車子終於停下來。車門打開，有人過來搬動紙箱，這裡空氣清新，不時聽見孩子的笑聲。原來，我們來到

一所山區小學。山區，圖書資源匱乏，小孩看見我們如獲至寶，輪流借閱，一看再看。

　　圖書要有人閱讀，互相分享才會活起來。圖書的流浪旅程，讓我活出豐盛、活出美好！

如果你從沒或甚少往圖書館，希望你從書中得到一點啟發，嘗試作出改變，進圖書館逛逛。

國家圖書館出版品預行編目（CIP）資料

嗨！圖書館見 / 梁科慶著.
-- 初版. -- 台北市 : 香港商亮光文化有限公司台灣分公司，2024.07
面 ; 公分 --
ISBN 978-626-97879-6-8(平裝)

022   113007665

嗨！圖書館見

作者	梁科慶
主編	林慶儀
出版	香港商亮光文化有限公司台灣分公司 Enlighten & Fish Ltd (HK) Taiwan Branch
設計/製作	亮光文創有限公司
地址	台北市大安區敦化南路一段170號2樓
電話	（886）85228773
傳真	（886）85228771
電郵	info@enlightenfish.com.tw
網址	signer.com.hk
Facebook	www.facebook.com/TWenlightenfish
出版日期	二〇二四年七月初版
ISBN	978-626-97879-6-8
定價	NTD$380/HKD$95